Abschied im Adlon

Monika Melchert

Abschied im Adlon

Die Geschichte von Thea und Carl Sternheim

 verlag für berlin-brandenburg

Gedruckt mit freundlicher Unterstützung der
Heinrich Enrique Beck-Stiftung, Basel

1. Auflage 2013
© Verlag für Berlin-Brandenburg, Inh. André Förster
Binzstraße 19, D–13189 Berlin
www.verlagberlinbrandenburg.de

Umschlaggestaltung: Stephanie Raubach, Berlin, unter
Verwendung eines Porträtfotos von Thea Sternheim, 1926
(DLA Marbach / © Heinrich Enrique Beck-Stiftung, Basel),
eines Porträtfotos von Carl Sternheim, 1915 (Archiv Thomas
Ehrsam / © Heinrich Enrique Beck-Stiftung, Basel) und eines
Fotos des Hotels „Adlon" in Berlin, November 1927
(© Bundesarchiv, Bild 102-05024, Foto von Georg Pahl)

Satz: Ralph Gabriel, Wien
Druck und Bindung: CPI – Clausen & Bosse, Leck
Printed in Germany

ISBN 978-3-942476-89-8

Inhalt

Für Armand

Ich gehöre keinem Menschen an. Ich gehöre mir!
Ich verschenke mich, aber ich kann mich keinem verpflichten.
Es soll keiner wagen, mir zu sagen: Du sollst!

Thea Sternheim

So reich ich aus mir selbst begabt war, blieb die Frau das
oberste Lebensbedürfnis auch für mein Werk, das mich über
die Welt emporheben sollte; ich bedurfte zu seiner Vollendung
ihrer nahen Liebe, die mich seinetwegen über alles schätzte.

Carl Sternheim

Feuer und Asche

Sie liest den Brief und beginnt noch einmal zu zweifeln.

Am Vorabend des Tages, da durch Deinen Entschluss unsere zwanzigjährige Ehe nach drei Jahren eines überirdischen jungen Liebesglücks geschieden wird, habe ich das Recht, Dir zu sagen, wie Du mir ein viertel Jahrhundert Start, Weg und Ziel eines nicht gewöhnlichen Lebens unvergeßlich und unvergleichlich nicht nur für mich gewesen bist! Carl Sternheims Werk ist ohne Deine Existenz undenkbar und Deine frauliche Erhabenheit und menschliche Güte waren in diesem Jahrhundert ohne Beispiel, groß und seltsam produktiv. [...] und vergiß bitte nicht, daß ich, als Mensch nicht angenehm, auch Dir auf meine Weise Freude bereitete.

Du bist in diesem Augenblick, da ich mich zu einem völlig einsamen Leben im Sinn eines genialen Fossils entschließe, in Uttwil eine exemplarische Einsamkeit antrete, nicht weniger mein Idol, als Du es in der tiefsten Tiefe meines Herzens immer gewesen bist, und ich erwarte, fern von der Welt und völlig frei von der Hoffnung auf Menschen über Dich hinaus von Zeit zu Zeit Deine guten Grüße und menschliches Mitleiden.

Die Worte dieses Abschiedsbriefes enthalten den ganzen Carl Sternheim – seine Selbststilisierung, seine Sucht zur Größe, seinen Hang zum Pathos. Er schreibt ihn in Berlin, im Hotel „Adlon" am 15. Dezember 1927.

Thea Sternheim liegt die Nacht schlaflos, grübelt, besinnt sich. Seine Worte machen sie beinahe noch einmal schwanken. Wie sehnt sie sich nach der Zärtlichkeit, die daraus spricht. Tief im Inneren möchte sie glauben, was darin steht. Weiß zugleich, dass es nicht mehr geht. Ist fest entschlossen. In einem Antwortbrief steht, dass es auch für sie schwere Tage sind. Doch, dabei bleibt sie, die Trennung ist der einzig mögliche Ausweg. Sie versichert ihrem Mann, sie denke mit großem Wohlwollen an ihn und bete jeden Tag, es möge ihm gut gehen. Besteht dennoch auf der Trennung. Er solle nur nicht melancholisch sein: *Mit Gottes Hilfe werden wir die Sache schon deichseln.*

Als sie sich kennenlernen, sind beide schon verheiratet.

Zweimal in ihrem Leben hat Thea, aus Trotz gegen ihre Eltern und aus Selbstbehauptungswillen, einen Mann geheiratet, und beide Male ging es nicht gut.

Thea Bauer wird am 25. November 1883 in einer Industriellenfamilie in Neuss am Rhein geboren und auf die Vornamen Olga Maria Theresia Gustava getauft. Der Vater Georg Bauer verdient viel Geld als Inhaber der rheinischen „Schrauben- und Mutternfabrik". Die Ehe der Eltern, überschattet von der ständigen Untreue des Mannes, vermittelt dem Mädchen die frühe Erfahrung, dass das gutbürgerliche, wohlanständige Leben oft eher eine verlogene Fassade ist.

Thea wird streng katholisch erzogen. Davon bleibt ihr später stets ein Hang zum Mystischen und Pathetischen. Als sie fünf Jahre alt ist, zieht die Familie nach Köln. Zunächst wächst sie mit zwei Brüdern auf. Doch schon 1896 geben die Eltern sie in ein Pensionat in Bonn. Der rheinische Katholizismus ist allenthalben spürbar und übt auf die Erziehung der Pensionatsschülerinnen einen starken Einfluss aus. Einerseits fühlt sie sich vom katholischen Ritus durchaus angezogen, denn ihre Fantasie ist in der Kindheit bereits sehr aufnahmebereit. Gleichzeitig aber spürt sie einen inneren Stachel gegen die kirchlichen Dogmen, denen man sich so vollkommen unterordnen soll. Seit ihren frühen Jahren widersetzt sich etwas in ihr den aufgezwungenen Autoritäten. Der Ketzer Johannes Huss ist denn auch der Held eines Dramas in fünf Akten, das sie mit jugendlichem Überschwang in der Schulzeit schreibt. Später wird sie einmal in ihren *Erinnerungen* notieren, dass sie sich ihre Zukunft als Theaterregisseurin, Dichterin

Unter bestimmten Bedingungen ist der Vater bereit zum Einlenken. Das Ehepaar heiratet nun auch kirchlich und verspricht, gemeinsame Kinder katholisch taufen zu lassen. So verliert Thea Löwenstein nicht das Anrecht auf ihr väterliches Erbe.

Ihre Tochter Agnes wird am 3. Dezember 1902 geboren. Doch auch dies kann die Entfremdung zwischen den so unterschiedlichen Ehepartnern nicht mehr aufhalten. Löwenstein vergräbt sich in seine berufliche Arbeit, Thea in die Literatur.

Wir wüssten nicht viel von ihr und sie wäre eine unter tausenden unglücklicher junger Ehefrauen um 1900, wenn sie nicht gerade damals beschlossen hätte, sich von nun an Rechenschaft über ihr Leben, ihre Wünsche und Defizite zu geben. Ein ungeheurer Glücksumstand erlaubt tiefe Einblicke in die Seele dieser Frau: Von 1903 bis zu ihrem Tod 1971 führt Thea Tagebuch. Ein Jahrhundertwerk! Darin hält sie akribisch alles fest, was sie bewegt, wen sie trifft, wie sie entscheidet. Darin wird sie sich ihrer größten Siege und ihrer bittersten Niederlagen bewusst. So können wir mitverfolgen, wie eine begabte, von der Natur reich verwöhnte Frau, noch ganz jung und auf der Suche nach ihrem Ureigenen, sich das erobert, was dann das Besondere ihrer Person ausmachen wird. Denn etwas Unvorhergesehenes war geschehen, das ihrem Leben eine ganz andere Richtung gibt: Sie lernt den Schriftsteller Carl Sternheim kennen.

Wer ist er? Noch ist er öffentlich kaum hervorgetreten. Doch seine künstlerischen Ambitionen und die Erwartungen sich selbst gegenüber sind hoch. Carl Sternheim wird 1878 als ältestes von sieben Kindern in Leipzig geboren. Sein Vater ein jüdischer Bankier, die Mutter evangelischen Glaubens. Die ersten sechs Lebensjahre Carls verbringt die Familie in Hannover, wo der Vater Mitarbeiter am *Hannoverschen Tageblatt* ist. Dann, 1884, der Umzug nach Berlin.

Die entscheidenden Jahre seiner Jugend erlebt Carl Sternheim hier, in der prosperierenden Hauptstadt des noch jungen Deutschen Kaiserreichs. Sie leben standesgemäß an der Belle-Alliance-Straße. Zweimal im Jahr, so am Sedantag, sieht der Knabe die Parade des Kaisers – und ist beeindruckt.

Sternheims Vater verdient sein Geld jetzt als Börsen- und Immobilienmakler, hofft auf diese Weise, dazugehören zu können zum wohlhabenden Bürgertum. Wichtiger aber für den Jungen wird das, was die Berufung seines Onkels Hermann Sternheim ist: Er betreibt das Belle-Alliance-Theater, ganz in der Nähe der elterlichen Wohnung gelegen. So atmet der heranwachsende Carl von früher Jugend an Theaterluft. Manche Stunde verbringt er atemlos im Halbdunkel des Theatersaals, wo er den Proben und abendlichen Aufführungen folgt. Von dieser anderen Wirklichkeit ist er wie elektrisiert. Und sieht sich selber schon als Künstler. Das ist es, was die literarische Welt in den folgenden Jahrzehnten mit dem Namen Carl Sternheims verbindet: Er wird einer der Großen der deutschen Theaterszene.

Diese Leidenschaft hat ihn ganz ergriffen. Er schreibt wie besessen Gedichte, Dramen, kann gar nicht mehr aufhören. Will Schriftsteller werden. Doch noch ist es nicht soweit. Zunächst kann er mit viel Mühe 1897 das Abitur bestehen. Kurz vor der Abiturprüfung lässt er sich protestantisch taufen – eine eigene Entscheidung. Während die Mutter ihn nur grenzenlos liebt, erwartet der Vater von ihm einen bürgerlichen Brotberuf: Er soll Jura studieren. Ein wenig widerwillig schreibt er sich im Herbst 1897 an der Münchner Universität ein, besucht jedoch vor allem Vorlesungen in Philosophie und Literaturgeschichte. Und schreibt. 1898/99 wechselt er für zwei Semester nach Göttingen und studiert dort nun tatsächlich an der Rechts- und Staatswissenschaftlichen Fakultät, wenn auch ohne innere

Teilnahme. Er beschäftigt sich, väterlicherseits aus dem Judentum herkommend, ganz bewusst mit der Tradition des Christentums. In diesem Zusammenhang entsteht 1899 sein Schauspiel *Judas Ischarioth. Die Tragödie vom Verrat.*

Auch über Carl Sternheims innere Verfassung jener Jahre wissen wir vor allem durch seine eigenen Aufzeichnungen. Das Buch *Vorkriegseuropa im Gleichnis meines Lebens*, 1936 im Querido Verlag Amsterdam erschienen, liefert Innensichten seiner geistigen Entwicklung. Er braucht, um sich bestätigt zu fühlen, immerzu neue Frauenbekanntschaften. Seine Selbsteinschätzungen entbehren nie des Überschwangs und der Stilisierung. So resümiert er etwa das Verhältnis der Frauen zu ihm: Sie seien alle von ihm fasziniert, äußerten *helle Begeisterung für mich*. Ohne sie zu suchen, heißt es, winkte ihm, *wohin ich kam, Frauengunst und Frauengnade*. Doch hier erfährt man noch etwas anderes, das Sternheims Leben dauerhaft prägen wird: das familiäre Erbe der Neigung zu psychischer Erkrankung, einer ernsthaften Gefährdung. Er sei *von Jugend auf im Nervensystem nicht sattelfest*, heißt es da. Diese Disposition wird ihn immer wieder in Nervenheilanstalten bringen. So, als er im Oktober 1902 als Einjährig-Freiwilliger in den Militärdienst eintritt, in das Kürassierregiment „Kaiser Nikolaus I. von Russland" in Brandenburg/Havel. Doch schon im April 1903 wird er wegen „körperlicher Schwäche" vorzeitig entlassen.

Vorausgegangen war seine frühe Ehe: Im Jahr 1900 lernt er die junge Eugenie Hauth kennen. Seine enthusiastische Liebe zu ihr flammt wie ein Strohfeuer auf. Er setzt durch, dass er die erst Siebzehnjährige im November 1900 heiraten darf. Immer ist bei Carl Sternheim alles auf ekstatische Höhe gebracht. Doch schon bald stellt sich in der jungen Ehe heraus, dass beide Partner nervlich belastet sind und eine äußerst fragile Gesundheit haben. Ihr Sohn Carlhans wird im Juli 1901 geboren. Selbst er hat, wie sich später zeigen wird, diese Neigung zur Nervenkrankheit geerbt. Das Zusammenleben der Ehepartner kann nicht gutgehen.

Im Frühjahr 1902 übersiedelt die junge Familie nach Berlin. Carl Sternheim setzt an der Friedrich-Wilhelms-Universität seine Studien in Psychologie, Literaturwissenschaft und Kunstgeschichte bei Heinrich Wölfflin fort. In jenem Jahr übrigens hat sein Stück *Auf Krugdorf* die Uraufführung am Hoftheater Dresden. Immerhin ein erstes Mal Öffentlichkeit.

Carl und seine junge Frau müssen sich getrennt immer wieder einmal in die Behandlung eines Sanatoriums begeben. Eugenie leidet unter Depressionen. Da sagt ihm ausgerechnet Eugenie, er solle ihre Freundin Thea kennenlernen, sie sei so robust, dass sie am ehesten den Anstrengungen des geistigen Umgangs mit ihm gewachsen sei. Sie sei *überhaupt die geborene Frau* für ihn. Der Kontakt der beiden ehemaligen Schulfreundinnen aus dem Bonner Mädchenpensionat ist nie abgerissen. Und so kommt es, dass die junge Ehefrau ihrem Mann im Mai 1903 seine künftige Frau vorstellt, gewissermaßen als seine Retterin.

Da traf ich die Frau, die mein wurde, die, wie Frauen es können, alles in Ordnung brachte. Carl Sternheim ist von Anfang an von der Gewissheit durchdrungen, dass Thea Bauer und er füreinander geschaffen sind. Thea allerdings ist, wie sich zeigt, zunächst nicht ganz so euphorisch. Von diesem Mann fühlt sie sich angezogen, aber durch seine Aufschneiderei und Prahlerei mit Frauenbekanntschaften gleichzeitig auch abgestoßen. Sie hält ihn für ziemlich exzentrisch – womit sie instinktiv ins Schwarze trifft. Dennoch sind sie, kaum dass sie sich näher kennenlernen, überwältigt von einem ganz neuen Gefühl. Ein Briefwechsel spinnt sich an, sie versuchen, einander heimlich zu treffen. Immer geht es dabei auch um die literarische Arbeit Sternheims. *Arbeiten! arbeiten! Lieber geliebtester Mann, arbeiten! Du bist auf dem besten Wege!*, ermutigt sie ihn. Thea ist offen für alles, was er schreibt, und mehr und mehr fasziniert sie dieser junge Dichter, der etwas Großes will. Diesmal, das spüren beide, ist es wirkliche Liebe. Hier verbinden sich Sinnlichkeit und das tiefe Interesse an künstlerischen Äußerungen. Carl Sternheim erkennt in Thea schnell die Partnerin, die ihn, anders als Eugenie, auch als Intellektuellen und Schriftsteller verstehen wird. Sie ist endlich der Mensch, der seine Schwingungen aufnehmen und mittragen wird, *der Wendepunkt meines Lebens.* Sie scheinen sich geradezu gegenseitig zu vergöttern. Thea spricht in ihren frühen Briefen an den Geliebten überschwänglich davon, er sei ihr *Gott*, das Höchste überhaupt für sie, und zugleich *mein Menschenkind,* was tatsächlich auf ein fast biblisches Mysterium hindeutet. Die Überhöhung wird mit Pathos zelebriert: *Du sollst sein, wie ich Dich will – – mein Jesus sollst Du sein, mein Dichter und der, der Du warst.* Er antwortet ihr, indem er diese Überhöhung annimmt: *Ich kann nichts als ich sein. Aber das bedeutet vor allem Dich lieben.* Carl Sternheim stilisiert sie von Anfang an zu seiner Muse: *Kein Mensch außer Dir kann mich zu meinen Höhen führen, […]machen wozu ich bestimmt und auserwählt!!*

Die Zeit ihrer heimlichen Liebe, in der sie sich nur selten persönlich treffen können, ist aufs Äußerste aufgeladen mit großen Worten und Schwüren. *Aber es ist*, schreibt er ihr im Oktober 1904, *zu furchtbar, was ich durchmachen soll: die Trennung von Dir, die ewige Angst um Dich und die Sehnsucht würden an sich genügen, um meinem Leben die Sonne zu nehmen und nun das noch, das Gefühl der Unsicherheit meiner Existenzmittel.* Thea hingegen hat Geld genug. Sie versichert ihm auch, dass sie keinen Luxus brauche, wenn sie zusammen leben, und gut verzichten kann auf überzogenen äußeren Prunk. Später wird es gerade er sein, Carl Sternheim, der auf großem Fuß leben will und einen übertrieben eleganten Lebensstil anstrebt. Für die junge Frau ist die Verbindung mit dem Dichter, dem eine glänzende Zukunft bevorsteht, zugleich die Möglichkeit, die bürgerliche Welt der Fabrikanten und Beamten, aus der sie herkommt, hinter sich zu lassen und in die idealere Sphäre der Kunst und Künstler aufzusteigen. In ihren Wachträumen ersehnt sie sich eine Welt zu zweit, in der sie an der Seite des berühmten Autors ihren eigenen Platz finden kann. Träume übersteigen die Wirklichkeit, und oft sind sie schöner und bunter als diese.

Carl Sternheim schreibt ihr im Juli 1904: *Du hast mich gelehrt, an mich zu glauben, weil Du an mich glaubtest.* Beinahe wie ein Gelübde klingt das Versprechen, das er ihr gibt: *Mit unablässiger Arbeit, im tiefstem Ringen um die Kunst will ichs Dir danken, was Du thatest und thun wirst.* Eine *grenzenlose Liebe* für sie sei in ihm. Und Thea ersetze ihm all die vielen Menschen, die er bisher um sich gebraucht habe. Denn seit er sie kenne, könne er erst wirklich unterscheiden zwischen Größe und Kleinheit. Immer wieder wolle er ihr sagen, *was Du mir bist, wie ich an Dich gefesselt bin und Dein eigen, zehntausendfach und hundertmal, wie ich Dich liebe vom Kopf zum Fuß, überall und von ganzem Herzen ganzer Seele und Gemüt, liebste Einzige!* So wird ihr Bund geschlossen.

In dieser Zeit beginnt Thea Löwenstein mit ihren Tagebuchaufzeichnungen. Sind es zunächst nur Verse, die sie niederschreibt, hält sie seit Jahresbeginn 1905 unter dem jeweiligen Datum konkrete Erfahrungen und Erlebnisse fest. Denn etwas hat sich grundlegend verändert: Sie erwartet ein Kind von Carl Sternheim und ist sich sicher, mit ihm leben zu wollen. Sie verlangt nur eines: Er solle sie lieben und immer gut zu ihr sein. Während sie abends, allein in ihrem Zimmer, an den Geliebten schreibt, bewegt sich das Kind in ihrem Leib. Für das Ungeborene schon spricht sie ihn als *Vater, lieber, lieber, lieber Vater* an. Thea ist ganz weibliche Hingabe. Voller Emphase schreibt sie: *Ich lege meinen Leib hin und mache Dir meine Seele auf, damit Du von ihnen Besitz nehmen mögest und Einzug halten.* Dass sie eine verheiratete Frau ist, macht ihre Lage nicht leichter. Und sie hat ihre Tochter Agnes. Doch sie ist entschlossen, alles einzusetzen, um Carl Sternheims Frau zu werden. Die Liebe und Begeisterung sind groß, und dennoch zieht es Thea nicht in eine neue Ehe. Im Gegenteil, durch ihrer beider Erfahrung gewarnt, beschwört sie den Geliebten regelrecht, und es klingt beinahe hellseherisch: *Aber keine Ehe – niemals eine Ehe mit Dir, damit der Traum zerbräche!* Sie ahnt, dass das Ideale ihrer Verbindung an der banalen Wirklichkeit scheitern könnte.

Am 10. Januar 1905 wird in Köln ihre gemeinsame Tochter unter dem Namen Dorothea Löwenstein geboren, genannt Moiby und später vor allem Mopsa. Und Arthur Löwenstein, der seine Frau nicht verlieren will, zeigt sich großmütig. Er erkennt die Tochter als ehelich geboren an. Genau dies wird dann später bei den Scheidungsauseinandersetzungen zum Verhängnis für die Mutter werden.

Carl Sternheim vergöttert seine neue Liebe. *Ich habe Dich lieb bis in die Ewigkeit*, schreibt er ihr. *Von Deinem Wohlergehen hängt das meine ab.* Doch sein Frauenbild ist erzkonservativ. Er als Mann und Künstler, vertikal stehend wie die Türme des Kölner und Aachener Doms, sieht in der hingebenden Frau die ideale Ergänzung und schreibt später in *Vorkriegseuropa*, so *begehrte meine Seele die statisch-horizontale Einstellung dazu, die ich mir im Weib, seiner horizontalen Lage im Augenblick höchster Hingabe, des Gebärens verkörpert, vorstellte!* Die Frau also als Stütze des schöpferischen Mannes. Damit allein, das weiß Sternheim zu dieser Zeit noch nicht, wird sich Thea niemals zufrieden geben. *Es war nur der andere Ausdruck für mein Bewußtsein von des Weibes passiver, ruhender, akkumulatorischer Kraft dem aktiven, motorischen Gesetz des Mannes gegenüber.* In einer Frau ebenfalls die Schöpferkraft zu erkennen, liegt außerhalb seiner Vorstellung.

Während Thea also weiterhin als Löwensteins Gattin in Köln lebt, müssen beide eine Lösung suchen. Für Sternheims Ehe wird eine zeitweilige Trennung vereinbart. Bald reicht Carl, in beiderseitigem Einvernehmen, die Scheidung von Eugenie ein, die im Juli 1906 vollzogen wird. In diesen Monaten aber genießt er ein relativ freies Leben, ist viel auf Reisen, lebt zeitweilig sogar mit einer anderen Frau zusammen. Thea, an der er *ihre Leidenschaft für mich* lobt, hat auch dafür noch Verständnis – mit der Begründung, *daß jemand, der wie Carl mit so viel Sturm, Drang und Egozentrik belastet ist, Anspruch auf mildere Beurteilung hat.*

Solange sie noch nicht zusammenleben können, wird das nicht zum Problem. Man weiß umeinander und sehnt sich nach einander. Erst im August 1905 kann Carl einmal heimlich seine Tochter sehen. Das Weihnachtsfest 1905 verbringen die beiden Liebenden gemeinsam im „Domhotel" in Köln. Sie feiern ihre Liebe und suchen nach Wegen, um ihr künftiges Leben zu organisieren. Sowohl die Eltern von Thea als auch die Familie von Carl haben schwer zu schlucken an der neuen Situation, die im Grunde ein gesellschaftlicher Skandal ist. Für Theas Vater ist der potenzielle neue Schwiegersohn wieder nur einer, der es auf ihr Geld abgesehen hat. Und dazu wieder einer mit jüdischen Wurzeln! Die Eltern verlangen eine mehrmonatige Trennung der Liebenden, die sich erst vollständig darüber klar werden sollen, was sie wirklich anstreben. Eine solche Frist ist die Voraussetzung ihrer Zustimmung. Eine Art Klausur. So wird das Jahr 1906 für beide eine schwere Zeit der Bewährung. Groß und sehr zärtlich ist die Bandbreite der Kosenamen, mit denen sie sich in ihren Briefen nennen: Geliebte, Mütterchen, Stoiby, und Hünni – das ist er. Doch je länger die Trennung dauert, desto sicherer sind sie einander. Carl schreibt in seinen Erinnerungen: *So reich ich aus mir selber begabt war, blieb die Frau das oberste Lebensbedürfnis auch für mein Werk, das mich über die Welt emporheben sollte;*

ich bedurfte zu seiner Vollendung ihrer nahen Liebe, die mich sei-
netwegen über alles schätzte.

Nach einer ersten kürzeren Italienreise fährt Carl im Januar 1906 erneut nach Italien und kehrt diesmal mit einem
tiefen Erlebnis der antiken Kunst zurück. Beide Reisen
hat ihm Thea mit ihren finanziellen Mitteln erst ermög-
licht. Denn Carl Sternheim verdient noch nichts. Danach
nimmt er eine Wohnung in Freiburg im Breisgau. Doch
noch immer ist sein Leben unstet und unruhig. Im Februar
1906 wird Sternheim von der Polizei verhaftet und in die
Freiburger Universitäts-Nervenklinik eingewiesen: Nach
einem nie ganz aufgeklärten Vorkommnis mit einer jungen Frau in einem Hotelzimmer sei diese aus dem Fenster
gesprungen und habe sich dabei beide Beine gebrochen.
Carl ist wieder einmal dicht daran, unter seiner nervlichen
Labilität zusammenzubrechen und krank zu werden. Und
wieder ist es Thea, die ihn unterstützt und ihm helfen will,
sein Dasein zu klären. Damit wird ein Grundmuster ihrer
Beziehung angeschlagen, das sich ein Leben lang nicht wesentlich ändert.

Nach seiner Entlassung im Mai wird beschlossen, dass
Carl Sternheim nach Bremen geht. Dort richtet ihm Thea
ein Häuschen ein und sorgt *per Expressbote* für alles, was
er zum Leben braucht. Er soll Ruhe finden und gesund
werden, das hofft sie inständig. *Thea, ich sehne mich so nach*
einem eigenen kleinen Heim. 2 Zimmer, mein eigenes Bett, meine
Bücher. So schickt sie nach Bremen, was immer für sein
geistiges und körperliches Wohlbefinden nötig erscheint.
Die Fürsorge der Geliebten rührt ihn zutiefst: *Dutzende*
aller Arten Leib-, Tisch-, Bett-, Hauswäsche, Krawatten, Hals-,
Puls-, Fußwärmer, Parfümerien, Arzneien für jeden zu denken-
den Fall. Dazu Bücher und Nahrungsmittel in Fülle. Allmählich kann Carl Sternheim wieder arbeiten. In der Zeit
der erzwungenen Trennung von der Geliebten schreibt er
mehrere Stücke, die alle ein konfliktreiches Liebesverhält-

nis zum Gegenstand haben: das dramatische Gedicht *Ulrich und Brigitte*; das Schauspiel *Vom König und der Königin*. Bald darauf beginnt er mit der Arbeit an *Don Juan*, das ihn über mehrere Jahre beschäftigen wird. In der Titelfigur dieses Dramas sieht sich Carl Sternheim selbst verkörpert. Im Laufe des Jahres weiht er Thea in den Plan seines Stücks ein, lässt sie teilhaben an seiner Entstehung. Sie ist begeistert, fühlt aber gleichzeitig eine diffuse Angst, die Arbeit könne ihn zu viel Kraft kosten und ihn von ihr wegtreiben. Im Tagebuch ist sie rückhaltlos offen. Bald schon erkennt sie auch Carls Schwächen: seine überzogene Selbstgefälligkeit, seine überbordende Egozentrik, die er nicht abstellen kann. Und doch liebe sie ihn gerade um dieser Schwächen willen, gesteht sie sich ein. Seine Seele liege offen vor ihr, *und ich muss vor diesem Mann knieen und anbeten.* Der Widerspruch ist von Beginn an das Dritte in ihrer Beziehung.

Inzwischen ist nach langer Krankheit Theas Mutter gestorben, und der Vater, der ohne seine Frau nicht leben will, folgt ihr bald darauf, im Mai 1906. Thea und ihre beiden Brüder erben etwa sechs Millionen Reichsmark, eine enorme Summe.

Im April 1906 ist Thea, zusammen mit ihrem Noch-Ehemann Arthur und einigen Bekannten, zum ersten Mal in Paris. *Welche Kultur! Welche Kultur! Mir geht das Herz auf in diesem Frühling.* Sie ist hingerissen von der Stadt. Noch ahnt sie nicht, dass sie einmal den größten zusammenhängenden Teil ihres Lebens in Paris verbringen wird, von 1932 bis 1963. Doch gleich bei der ersten Begegnung fühlt sie, was diese Stadt ihr zu geben vermag.

Obgleich sich Thea noch in ihren häuslichen Verhältnissen einrichtet und sich viel mit ihren beiden Kindern beschäftigt, erreichen die Spannungen zwischen ihr und Arthur Löwenstein ein zunehmend unerträgliches Maß. Die Trennung ist nicht mehr aufzuhalten. Im Dezember

1906 endlich beschließen Thea und Carl, gemeinsam nach München zu übersiedeln. Für Sternheim ist es die Stadt Frank Wedekinds, den er als Dramatiker bewundert. Hier wollen sie leben, nachdem Thea ihre Familie, Mann und Töchter, endgültig verlassen hat. Denn das ist das Faustpfand des tief gekränkten Löwenstein: Beide Töchter, auch Dorothea, müssen bei ihm bleiben.

Weihnachten 1906, ein Jahr nach ihrem heimlichen, quasi illegalen gemeinsamen Weihnachtsfest in Köln, wohnen sie herrschaftlich im Münchner Hotel „Vier Jahreszeiten" und wissen nun mit Sicherheit, dass ihrem Zusammenleben nichts mehr im Wege steht. Im Überschwang des sie verbindenden Gefühls machen sie im Frühling, März und April 1907, eine Reise über Budapest und Bukarest nach Konstantinopel und Athen. Die antiken Kulturen lassen beider Herzen höher schlagen: Hier sind sie am Ursprung der abendländischen Geschichte. Die Kuppeln der berühmten Hagia Sophia begeistern sie. Sie erleben die Karwoche hier und kommen am Ostersonntag in Piräus an. Alles blüht auf den Wiesenhängen in Griechenland. Thea will es als Vorbote ihrer glücklichen Vereinigung mit Carl sehen. Sie besichtigen die wunderbaren Tempel der alten Götter. Die Rückreise führt über Neapel, Rom, Assisi und Florenz. Die bildende Kunst wird immer ein stark verbindendes Element zwischen ihnen sein. Nichts Schöneres kann es für sie geben. Das Authentische der Reiseeindrücke verschafft dem Paar ein unendliches Hochgefühl. Unterwegs malen sie sich ihr künftiges Leben aus. Sie sind begeistert.

Die Scheidung von Löwenstein zieht sich noch bis zum April 1907 hin. Doch dann, endlich, am 13. Juli 1907, lassen sich Carl Sternheim und Thea Löwenstein, geb. Bauer, in München trauen. Die Erfüllung all ihrer Sehnsüchte ist da. Die Frau, die der angehende Dramatiker nun heiratet, ist eine reiche Erbin.

Jahre in „Bellemaison"

Ein Schloss soll es sein, nichts darunter. Wenn sie sich ein gemeinsames Haus bauen, dann so.

Sie leben in München, während Theas Kinder in Köln bei Löwenstein sind. Sie sehnt sich nach ihnen, und es kostet sie große Opfer durchzuhalten. Aber Carls Liebe entschädigt sie, er ist zärtlich und anhänglich. Thea wird erneut schwanger. Alles könnte so gut sein – wenn sie auch ihre Kinder noch hätte. Nur hin und wieder werden ein paar Tage vereinbart, in denen sie die Töchter zu sich holen darf. Das Alleinsein erträgt sie doch schwerer als gedacht. Sie will sich Carl gegenüber nicht anmerken lassen, wie sehr sie das alles bedrückt, aber: *Ich habe mich stärker geglaubt, als ich bin.*

In Höllriegelskreuth bei München finden Thea und Carl ein Grundstück, auf dem ihr Haus gebaut werden soll, das Gehäuse ihres Glücks. Bis dahin leben sie in Pullach. Ihr Freundeskreis wächst, dazu gehören neben vielen anderen Künstlern der Musiker Otto Vrieslander und der Autor Franz Blei. Es zählt zu Theas besten Begabungen, Freunde an sich zu ziehen und um sich zu scharen.

Hier in Pullach wird am 2. Januar 1908 ihr Sohn Klaus geboren. Die Zeit des Wochenbetts verbringt Carl nicht bei ihr, er wohnt im Hotel. Vor dem Kindergeschrei fürchtet er sich. Wenn er sie besucht, geht er bald wieder. Er ist müde und nervös. Thea weint viel. Eigentlich hätten sie gerade in dieser Zeit zusammen sein sollen. Doch um ihn zu schonen, lässt sie ihn in Ruhe.

Carl Sternheim hat sich in München mit dem Autor Franz Blei befreundet, was zu einer jahrzehntelangen Beziehung werden wird. Der prahlt allerdings zu oft mit seinen Frauengeschichten. Thea spürt, er hat keinen guten

Einfluss auf ihren Mann. Er habe, so notiert sie, etwas von einer *alten Kupplerin* an sich. Die Freundschaft wird lange Zeit bestehen, doch nicht ohne Reibungen bleiben. In seinen Erinnerungen *Erzählung eines Lebens* wird Franz Blei 1930 nicht nur positive Momente festhalten. Ein eigenes Kapitel „Carl Sternheim – Der Schauspieler" beginnt mit dem Bonmot: „Die Lebensregel, die mangels sonstiger Güter der alte Sternheim seinem Sohn Carl vermachte, hieß: sorge immer dafür, daß du beim ersten Schneider der Stadt Kredit hast, und es wird dir nichts zu deinem Fortkommen fehlen." Damit hat der Freund Sternheims wunden Punkt schonungslos getroffen: das Geltungsbedürfnis des eher kleinen, zierlichen Mannes, der die Aufmerksamkeit der anderen durch übertriebene Eleganz und einen gewissen Snobismus auf sich zu ziehen hofft – nach dem Grundsatz: Kleider machen Leute. Es war zuweilen, wenn er sich zurechtmachte, von allem etwas zu viel, „un peu de trop". Carl Sternheim, so meint Blei, spielte eine Rolle und passte von daher so genau in die Welt des Theaters, die für ihn gemacht schien. Er schätzt das dramatische Werk des Schriftstellers. Kritisch jedoch sieht er Sternheims Allüren, die er gar nicht nötig gehabt hätte, um in der Welt der Literatur anerkannt zu werden. Und so demaskierte sich der Gastgeber gerade durch die Protzigkeit von „Bellemaison": „Im Kontrast zu seiner im Reichtum aufgewachsenen Frau Thea, die sich in diesem von ihr protestierten Schloß mit einem Zimmer begnügte und keine Neigung zeigte, im Park promenierende Schloßherrin zu spielen, spielte Sternheim den Schloßherrn, aber heraus kam dabei nur der Fremdenführer durch sein Schloß." Übertreibungen, die nicht selten in die Nähe der Lächerlichkeit geraten. Thea spürt das, Sternheim selber nicht.

Im Mai 1908 stirbt Carl Sternheims Mutter in Berlin. An ihr hing er mehr als an jedem anderen Mitglied seiner Familie. Der Schmerz um sie drückt ihn gewaltig hinunter, macht ihn beinahe hilflos. *Ohne Theas Beistand hätte meiner Mutter Tod mich erschlagen!*, bekennt er in seinen Lebenserinnerungen. *Sie aber trat so entschlossen in die klaffende Lücke, daß das Schmerzliche als Traum vorbeiging, ich, mich meiner Auszeichnung würdig zu zeigen, zu neuer Lebensanspannung bereit war.* Nur einem stimmt Thea nicht zu: der Beisetzung der Toten im Garten des neuen Familienanwesens. Das soll ein Ort der Lebenden und der Liebe werden.

Mittlerweile nimmt das prunkvolle Haus in Höllriegelskreuth Gestalt an. Thea hat dem Architekten Gustav von Cube ihre genauen Vorstellungen mitgeteilt und entwirft vieles selber. Es hat dreißig Zimmer, eigentlich viel zu viele. Einst hatte Carl davon geträumt, ein eigenes kleines Haus zu haben, zwei Zimmer und vor allem Ruhe. Nun entfernt er sich weit von diesem Traum, den er Thea damals, 1904, in einem Brief als größten Wunsch formuliert hat. Aber die Zeiten und vor allem ihre finanzielle Situation haben sich geändert. Die Einrichtung ist nicht nur großbürgerlich, sondern aristokratisch. Sie nennen es „Bellemaison", das schöne Haus. Ihr erstes gemeinsames. Am 1. Juni soll der Einzug gefeiert werden. Doch Carl ist wieder nicht bei ihr, kommt nur für Stunden aus München. Sie muss das allermeiste allein organisieren. Stillt dazwischen das Kind, weist die Handwerker an, dirigiert das Personal.

Wenn sie allein ist, überkommt sie manchmal ein Anflug von Verzweiflung. Dem Tagebuch vertraut sie an, sie habe *Angst, Angst, Angst!* Mit dem gewöhnlichen Schicksal der Frauen ihrer Zeit will sie sich nicht abfinden: *Ich habe nichts anderes zu verlangen als jede Frau. Und verlange doch!* Aber sie ist auch voller Tatendrang. Und es gibt glückliche, erfüllte Liebesnächte mit Carl. Es ist ja ihr Leben, das sie nun hat, selbstgewählt und gewünscht. Dann wieder findet sie Briefe, die Carl im Haus herumliegen lässt – Briefe von Verehrerinnen und Geliebten. Schamlos, wie sie meint,

Thea Sternheim mit Sohn Klaus in der
Bibliothek von Haus „Bellemaison", Februar 1912

lässt er sie so liegen, dass sie ihr in die Hände fallen müssen. *Warum muss mich Karl betrügen?* Es verletzt sie tief. Thea hat sich selber stärker geglaubt. Nun muss sie registrieren, dass es sie kränkt wie jede Frau. Eines kann sie nicht, das weiß sie genau: demütig sein. *Ich bin in mir zerrissen.* So offen ist sie sich selbst gegenüber. Irgendetwas stimmt nicht. Doch es wäre auch nicht ihre Art, die Flinte ins Korn zu werfen. Sie will mit Carl leben und glücklich sein.

Ihr kleiner Sohn Klaus gedeiht prächtig. Die Eltern sind hingerissen. Schon hier, und später immer wieder, werden sie beide finden, wie schön er ist. Das Glück scheint auf ihrer Seite zu sein. Und Carl ist auch voller Pläne für neue Stücke, er schreibt und hat noch viel mehr im Kopf.

Sternheims haben jetzt Geld. Sie finanzieren Franz Bleis Zeitschrift *Hyperion*, deren Mitherausgeber Carl eine Zeitlang ist. Und bald schon kommen die ersten illustren Gäste nach „Bellemaison", etwa Frank und Tilly Wedekind, der Schriftsteller Rudolf Alexander Schröder, der Kunstwissenschaftler Julius Meier-Graefe und Freunde aus dem Kreis um Max Reinhardt, den berühmten Theatermann – besonders wichtig für Sternheims Karriere. Auch Heinrich Mann schaut öfter aus München herüber. Er wird ein gern gesehener Besucher und guter Freund. Die Sternheims bewirten ihre Gäste großzügig und führen ein mondänes Haus. Carl genießt es, auf großem Fuß zu leben. Er inszeniert sich selbst. Ordnet an, dass die Dienerschaft Livree trägt, und übertreibt es in vielen Dingen. Man könnte es auch großspurig nennen. Denn es ist ja das Geld seiner Frau, das er mit vollen Händen ausgibt. Das Vermögen von zwei Millionen Reichsmark, das der Vater ihr hinterlassen hat, entspricht heute ungefähr einhundert Millionen Euro.

Nun können sie sich auch einen Herzenswunsch erfüllen und mit dem Aufbau einer Gemäldesammlung beginnen.

Sie entdecken die ersten Bilder von Vincent van Gogh in einer Ausstellung in München. Noch hat der Maler seinen späteren Stellenwert nicht erreicht. Sie sehen seine *Arlésienne*, sind hingerissen und wissen gleich: Das wollen sie haben. Die vom Händler geforderten 13 000 Mark sind sie bereit zu zahlen und kaufen das *prachtvolle, wie die Sonne aus sich strahlende Bild*. Es wird seinen Platz über Theas Bett finden. Und sie gesteht sich ein, es sei köstlich, genug Geld zu haben, um sich den Besitz eines solchen Kunstwerks leisten zu können. Van Gogh bleibt zeitlebens einer ihrer Favoriten. Damit beginnt die Sammlung Sternheim, die um weitere Werke bedeutender Künstler anwächst. Bald schmücken wertvolle Bilder die hellen, schönen Räume in „Bellemaison". In Carl Sternheims Erinnerungen *Vorkriegseuropa im Gleichnis meines Lebens* liest es sich allerdings durchaus etwas anders: *Er* ließ das Schloss bauen, *er* kaufte den ersten van Gogh, zu *ihm* kamen die Gäste – ich, ich, ich. Als Mann glaubt er, allein für sie beide sprechen zu können. Seine Egozentrik und Selbstverliebtheit sind unüberhörbar.

Das Verhältnis zwischen Mann und Frau bleibt aufgeraut von einer latenten Unruhe. Kaum eine Zeitspanne vergeht ohne heftige Auseinandersetzungen, die abgelöst werden von hingebungsvoller Liebe. *Es muss Einer kommen und mir die unerhörte Liebe geben nach der ich verlange!!!*, gesteht sich Thea ein. Vielleicht, so drängt sich zuweilen eine fixe Idee in ihre Gedanken, liegt der Fehler schon in der zweiten Eheschließung selbst. War es etwa in erster Linie der Widerspruch ihren Eltern gegenüber, der sie dahin trieb? Wollte sie sich vor allem ihre Eigenständigkeit beweisen? Auch sie ist ja nicht frei von Affekten und heftigen Reaktionen. Ziemlich ernüchtert klingt die Erkenntnis im Tagebuch vom 23. August 1908: *Ich hätte mich nicht wieder verheiraten sollen. Dadurch ist mein Leben nicht klarer geworden.* Immer wieder fragt sie sich, warum Carl wegen Nichtigkeiten so ausfallend gegen sie sein kann – wenn er ihr doch im selben Atemzug versichert, wie sehr er sie liebe.

Um diese Zeit beginnt Thea zu fotografieren. Sie erlernt dieses Handwerk ganz bewusst und wird es darin zu beachtlichem Können bringen. Denn sie möchte, das ist der Kern ihrer Bemühungen, etwas Schöpferisches tun. Nicht nur die Dame des Hauses sein. Sie sei *sehnsüchtig*, heißt es im Tagebuch, und wisse nicht genau wonach: *Aber so sehnsüchtig!* Ihre Porträts vieler Freunde und Familienangehöriger zeigen einen sehr eigenen und genauen Blick auf die Dinge, das Gespür für Gesichter und Stimmungen. Wunderschöne, lebendige Porträts ihrer Kinder etwa vermitteln einen anschaulichen Eindruck davon.

Der September 1908 beschert eine Reise, die für Carls und Theas Kunstbegeisterung wesentlich wird: in die Niederlande, nach London und zurück über Paris. Sie besuchen vornehmlich die großen Gemäldegalerien. Ohne die bildende Kunst ist ihr Leben nicht zu denken. In Amsterdam sehen sie in einer Kunsthandlung weitere Bilder van Goghs. Doch seit einigen Monaten steigen die Preise für diesen Maler beträchtlich. Sie bieten 3000 Gulden für das Bild einer jungen Bäuerin. Sein Selbstporträt aber, das ihr Herz besonders rührt, ist unverkäuflich. In London allerdings wird Thea das goldene Armband gestohlen, das ihr Carl 1906 zum Geburtstag geschenkt hat und das sie als Zeichen ihrer Zusammengehörigkeit immer tragen sollte – ein böses Omen?

Im Herbst 1908 hält sich Thea für einige Zeit auf dem Weißen Hirsch bei Dresden auf, um sich endgültig von der dritten Entbindung zu erholen und mit ihrer Erschöpfung fertigzuwerden. Dort tröstet sie ihren Schwiegervater, der nach dem Tod seiner Frau noch sehr deprimiert ist. Thea hat eine wohltuende Ausstrahlung auch auf ihn. Sie ist eine angenehme Gesellschafterin. Und schreibt ihrem Mann liebevolle Briefe. Sind sie getrennt voneinander, sehnt sich einer nach dem anderen. Als Carl ihr das Manuskript seines *Don Juan*-Schauspiels schenkt, darin die Widmung *Dies gehört meinem süssen Leibe Stoisy*, ist sie überwältigt. Diese Liebe verbindet sie beide fest miteinander.

Das Auf und Ab in ihrer Beziehung aber ist anstrengend und zerrt an den Nerven. Tage voller Harmonie werden abgelöst von Empfindlichkeiten gegeneinander. Wie sooft sind es die kleinen Dinge im Alltag. Vor allem aber, wenn Carl Sternheim schreibt, liegen seine Nerven bloß. Dann kann er sehr ungerecht werden, alles stört, alles bringt ihn auf. In Theas Tagebuch ist dann von einer *nicht zu überbrückenden Kluft* zwischen Carl und ihr die Rede. Ein Gleichmaß der Gefühle stellt sich selten ein. Ihr Zusammenleben ist von Extremen geprägt.

Auf Reisen haben sie oft ihre beste Zeit. Dann sind die Eindrücke stark, die künstlerischen Anregungen beglückend. Immer wieder zieht Paris sie an. Bald entdecken sie auch Scheveningen an der holländischen Küste. Das Unterwegssein wird ein Charakteristikum ihres Lebens.

Fahren sie nach Berlin, logieren sie im „Adlon" am Pariser Platz. Luxus muss sein. Dort verkehrt alles, was Rang und Namen hat. Sie machen die Bekanntschaft von Walther Rathenau. Sind sie in seinem Haus zu Gast, wird es oft früher Morgen, ehe sie aufbrechen. Er fasziniert sie mit seiner Klugheit und Vielseitigkeit, seinem hohen Kunstverstand, seinen Sammlungen. Doch zuweilen sieht vor allem Thea, wie maßlos sich dieser Mann selbst in Szene setzt und sich vor anderen herausstellt. Das stößt sie ab. Gegen Egozentriker ist sie empfindlich.

Carl Sternheim schreibt. 1910 entstehen in wenigen Monaten zwei der vier Stücke, die sich später zum Zyklus *Aus dem bürgerlichen Heldenleben* runden und seinen Ruhm begründen werden, *Die Hose* und *Die Kassette*. Scharfe Satiren auf das so wohlanständige deutsche Kleinbürgertum mit seiner Doppelmoral und Verlogenheit. Seine Berufung als Dichter sieht Carl selber jedoch nicht darin, zu entlarven oder sich lustig zu machen, sondern zu zeigen, *wie wesentlich traurig, komisch, heldisch, überlegen jeder an sich war*. Wichtiger als alles ist jetzt Sternheims Kontakt zu Max Reinhardt. Wer berühmt werden will, muss bei Reinhardt aufgeführt werden. Weiß doch schon Theodor Fontane: „Was heißt Carrière machen anders, als in Berlin leben, und was heißt in Berlin leben anders, als Carrière machen." Und es gelingt ihm. Am 15. Februar 1911 findet in den Kammerspielen des Deutschen Theaters Berlin die Uraufführung von *Die Hose* in der Regie von Felix Hollaender statt. Sternheims Durchbruch. Und was der Popularität des Autors durchaus nicht schadet, ist der Skandal, der sich um diese Uraufführung windet. Denn zunächst gibt es ein Zensurverbot des Polizeipräsidenten Traugott von Jagow, das schließlich zurückgenommen wird. Im Berlin der Kaiserzeit wird es als „unsittlich" empfunden, ein so intimes Corpus Delicti wie eine Damenunterhose auf der Bühne zu verhandeln. In der Generalprobe ist es die bekannte Schauspielerin Tilla Durieux, die mit einem witzigen Coup alles verändert: Der Polizeipräsident will persönlich der Probe folgen, um sich ein Urteil über die beanstandeten Stellen zu bilden; da setzt sich – auf Bitten Reinhardts – die Theaterschönheit neben ihn und betört ihn, um ihn abzulenken. Bald ist sie, wie ihre Lebenserinnerungen *Meine ersten neunzig Jahre* verraten, „mit Berlins bestgehaßtem Manne" in ein angeregtes Gespräch vertieft. Immer, wenn eine kritische Stelle folgen soll, flüstert sie ihrem Nachbarn eine Bemerkung zu, der er hingebungsvoll lauscht. Und sie hat Erfolg. Am Ende der Generalprobe erklärt von Jagow, keinen Grund für ein Verbot des Stückes zu sehen. Als er der Durieux am Abend einen verliebten Brief schickt und sie um ein Rendezvous bittet, ist er in die Falle gegangen: Paul Cassirer, Tillas Mann und Sternheims Verleger, der gerade die beanstandeten Stücke herausgebracht hat, kann nun den Polizeipräsidenten seiner perfiden Doppelmoral wegen der Lächerlichkeit preisgeben. In seiner Wochenschrift *Pan* macht Cassirer diesen Fauxpas öffentlich und verwickelt damit den Zensor in einen deftigen Skandal. Wie ein Lauffeuer geht die Geschichte durch Berlin. Auch Alfred Kerr kann der Gelegenheit nicht widerstehen und greift in einem offenen Brief im *Pan* den Polizeipräsidenten scharf an. Und Herr von Jagow ist gezwungen, sich offiziell zu entschuldigen. Sternheims Stück jedenfalls darf nun aufgeführt werden. Der bewunderte Frank Wedekind gratuliert ihm zu der „Erfrischung, die Ihre Kunst in die Schlafmützigkeit unserer Literatur" bringe. Thea ist stolz auf ihren Mann. Tilla Durieux schreibt in *Meine ersten neunzig Jahre* über den Dramatiker: „Sternheim hatte sich den Namen eines geistreichen Schriftstellers erworben. Als Mensch war er etwas schwierig. Elegant bis zur Geckenhaftigkeit, hielt er sich für den deutschen Molière und scheute sich auch nicht, dies immer wieder zu betonen." Damit trifft sie genau ins Schwarze.

Jeder Schriftsteller spiegelt sich gern in irgendeiner Weise in seinen Werken. So kokettiert auch Carl Sternheim mit seiner Figur des Frauengenießers Frank Scarron in *Die Hose*. Dieser geschniegelte Geck Scarron mietet sich nur deshalb beim Ehepaar Maske ein, um die schöne junge Frau Luise, der das Malheur mit der herabgerutschten Unterhose passiert ist, zu verführen: *Herrliche Frauen gibt's auf der Welt, Luise. Blonde mit blaßroten Malen, wo man sie aufdeckt, und dunkle, die einen Flaum haben wie junge Adler, denen im Rücken eine Welle spielt, reizt man sie. Manche tragen rauschendes Zeug und Steine, die wie ihre Flüssigkeiten schimmern. Andere sind eng und knapp geschürzt, und ihr Sinn ist kühl wie ihre Haut. Es gibt Blonde, die einen Flaum haben, und Dunkle mit blassen Malen. Demütige Brünetten und stolze Flachsige, und es gibt flachsblonde demütige Mägde mit kühler Haut, die in rau-*

schender Seide Lügen vortäuschen, als sei ihre Liebe flüssig, wie
Worte, die sie von ihr haben. – Der Himmel ist voller Sterne und
die Nächte voller Frauen. Sublim schön ist die Welt – aber! […]
Du bist die Schönste, die mir erschien. Sternheims Wortgewalt
brilliert und glitzert förmlich, wenn es um die weibliche
Schönheit geht, die Anziehungskraft der Frauen – unwi-
derstehlich für ihn.

Im November 1911 folgt bereits die Uraufführung
der *Kassette* im Deutschen Theater und im März 1913 die
von *Bürger Schippel*. Bis 1914 werden die drei Komödien
deutschlandweit an über einhundert Bühnen aufgeführt
und bringen, wie Sternheim resümiert, so viel Jahresein-
kommen ein, *daß ich von da an zu unserer Lebensführung den*
gleichen Anteil beisteuern konnte. Er ist jetzt ein bekannter und
anerkannter Autor. Und hat Erfolg. Thea verkörpert für ihn
die ideale Partnerin, ist seine Muse und Mäzenin, ist trotz
aller seiner Eskapaden die wichtigste Frau an seiner Seite.

Ein besonders turbulentes Jahr wird für die Familie Sternheim das Jahr 1912. Fast zur selben Zeit, am
23. Februar, kommt erst ein anwaltliches Schreiben von
Arthur Löwenstein, der Thea die beiden Töchter endgültig
wegzunehmen versucht, und aus Berlin die Mitteilung über
den finanziellen Zusammenbruch von Sternheims Vater.
Er habe, so heißt es, in seiner Bank vom verwalteten Vermögen begüterter Kunden über 600 000 Mark veruntreut.
Auch das Belle-Alliance-Theater in Berlin, auf dem eine
Hypothek der Sternheims lastet, macht Bankrott. Die einzige Möglichkeit, das Desaster nicht bis zu einem Gerichts-
verfahren kommen zu lassen, ist, dass die Schwiegertoch-
ter zu einem großen Teil mit ihrem Vermögen einspringt.
Und Thea tut es. Die Katastrophe schweißt die Familie
zusammen. Es ist auch die Angst um den guten Namen
ihres Mannes, gerade auf der Erfolgsbahn angekommen,
die Thea selbstlos handeln lässt. Ganz im praktischen Sinne
eines Kaufmanns, wie sie es von ihrem eigenen Vater vor-

gelebt bekam, sorgt sie schnell und umsichtig dafür, dass ein einvernehmlicher Ausgleich zustande kommt.

Und schließlich stellt sich ein Engel ein, der hilft, als die Not am größten ist: der Münchner Rechtsanwalt Siegfried Adler, Freund der Familie und Theas Verehrer. Er nimmt es in die Hand, den Streit mit Löwenstein zu regeln und die Tochter Moiby für immer zu Thea zu holen. Der Sorgerechtsstreit, der so viel Herzeleid und Unruhe für alle Beteiligten gebracht hat, wird unter Adlers Regie zu Theas Gunsten entschieden. Ohne dessen selbstlosen Einsatz, das weiß Thea, wäre es nie zu erreichen gewesen. Damit löst sich eine der schwersten Lasten von ihrer Seele. Ein unnatürlicher Zustand, die Trennung von Mutter und Kind, ist vorbei. Der Verzicht aber auf die Tochter Agnes ist der schmerzliche Preis, den sie dafür zahlt. Ab August 1912 leben nun die beiden gemeinsamen Kinder bei ihr und Carl. Jetzt erst kann sie zeigen, dass sie wirklich eine gute, eine liebevolle Mutter ist. Sie beschäftigt sich viel mit ihnen, unterrichtet sie zeitweise selber, lehrt sie die Welt zu sehen und die Kunst zu lieben.

Ein Foto aus diesem Jahr von Mutter und Tochter beweist, wie viel es ihr bedeutet, endlich auch Moiby errungen zu haben. Stolz sieht sie darauf aus, selbstbewusst und wie angekommen an einem lange ersehnten Punkt: Thea legt den Arm um die Siebenjährige, neigt sich leicht über sie, so als wolle sie auch mit ihrer ganzen körperlichen Präsenz betonen, dass die Tochter zu ihr gehört – während das Kind vollkommen entspannt dasitzt. Beide, Mutter und Kind, blicken in die Kamera, mit einem kaum wahrnehmbaren Lächeln im Gesicht. Aber Theas Gesichtsausdruck ist eine Spur glücklicher. Sie hat erreicht, worum sie gekämpft hat. Thea ist ein Sonntagskind. Jetzt scheint ihr alles zu gelingen.

Doch der Vermögenseinbruch durch den Bankrott des Schwiegervaters geht nicht spurlos an ihnen vorüber. Als erstes lässt Thea das kostspielige Auto stilllegen. Und, was sie sich noch vor kurzer Zeit nicht hätten ausdenken können, Carl und Thea entschließen sich zum Verkauf von „Bellemaison". Die Vorfälle mit Löwenstein, mit Sternheim senior, aber auch anderer Verdruss führen nach reiflicher Überlegung zu der Entscheidung, Deutschland den Rücken zu kehren. Ein Herr aus Straßburg erwirbt ihr luxuriöses Anwesen zum Preis vom 650 000 Mark. Damit geben sie etwas auf, was sie sich zusammen geschaffen haben und worin sich viele Wünsche, Träume und Sehnsüchte verwirklicht haben. Aber auch Enttäuschungen, die sich nicht mehr totschweigen lassen. Die schlimmste davon: Theas Abtreibung. Sie ist erneut schwanger, weiß diesmal jedoch, sie will kein weiteres Kind von Carl. Es ist keine Augenblicksentscheidung, gar aus einem Affekt geboren. Ganz bewusst lässt sie *jede Spur von Sternheim aus mir* entfernen. Als sie es hinter sich hat, ist sie dünnhäutiger geworden. Im Tagebuch notiert sie am 13. April 1912, in der Nacht, als sie ihre Kinder verließ, um zu Sternheim zu gehen, habe sie *Madame Bovary* gelesen. Dieses Frauenschicksal hat sie damals, 1906, ermutigt und gestärkt. Die Erschütterung wirkt nach. Zeitlebens wird sie Flaubert verehren, liest ihn immer wieder. Der Selbstbehauptungswille, den sie in der Bovary wahrnimmt, steckt auch in ihr selbst. In vielen diffizilen Situationen ihres Lebens wird gerade er sie leiten.

Sie steht am Fenster ihres Zimmers in „Bellemaison" und schaut hinaus in den parkartigen Garten. Da spürt sie zum ersten Mal ein unabweisbares Gefühl von Verlust. Wie oft hat sie diese Landschaft, ihre Kinder darin fotografiert. Doch ihr Herz hängt nicht daran. Manchmal hat sie es in all seinem Pomp sogar als fremd empfunden. Ein schönes Haus kann man sich auch anderswo wieder bauen. Heimat ist da, wo die Liebsten sind. Am schwersten, das sieht Thea, fällt dem Sohn Klaus der Abschied von „Bellemai-

Thea Sternheim mit Tochter Dorothea, 1912

son". Hier ist er aufgewachsen, hier sind seine Wurzeln. Im Tagebuch hofft die Mutter, *dass Gott den Jungen segne, wo wir auch hingehen*. Sie will ihre Familie erhalten. Eine unterschwellige Angst jedoch kann sie nicht verleugnen. Carl, so ahnt sie, wird sich nicht ändern. Das Gefühl von Desillusionierung hat in ihrem Leben bereits einen Platz eingenommen, den es nicht mehr verlassen wird.

Wahlheimat Belgien

Die nächste Station des Familienlebens wird Belgien. Zunächst verbringen sie den Sommer 1912 großenteils auf Reisen: Köln, Paris, danach im August, mit den Kindern, in Westende am Meer. Moiby, die Tochter, lebt sich rasch in den familiären Zusammenhang ein. Die beiden Geschwister verstehen sich gut. Sie radeln am Strand entlang und toben ausgelassen miteinander. Doch zwischen den Eheleuten ist die Stimmung oft kritisch. Mitten hinein in die schönen Wochen schieben sich immer neue Krisen. Carl Sternheims ständige Affären belasten sie. Er macht ihr Liebeserklärungen, um sie zu beruhigen: Sie allein sei es, die er liebe. Und was er daneben tue, das tue doch jeder Mann. Offenbar braucht er diese außerehelichen Beziehungen zur Stabilisierung seines Selbstwertgefühls. Thea hofft, mit dem Verlassen der gewohnten Münchner Umgebung werde vielleicht auch in ihrer Beziehung eine Veränderung eintreten. Im Tagebuch aber liest man von ihrer tiefen Verletzung durch Carl. Sie weint viel. Liest Tolstois *Anna Karenina* und ist von der Ähnlichkeit ihrer Schicksale betroffen. Manchmal ist ihr, als fände sie in Tolstois Buch ihre eigenen Gedanken wieder.

Zwischendurch wird Sternheim zu den Proben für sein Stück *Don Juan* nach Berlin gerufen, das am 13. September 1912 am Deutschen Theater seine Uraufführung erlebt, erneut in der Regie von Felix Hollaender. Carl und Thea fahren zur Premiere, logieren wieder im „Adlon", sind voller Erwartung. Alexander Moissi spielt den Juan. Doch dann geschieht das Undenkbare: Aufruhr im Publikum, Lacher, Ablehnung. Moissi verliert mitten in der Szene den Faden, die Spannung ist dahin. Auch nach der Pause Unruhe im Parkett und in den Rängen. Das Stück wird nicht zu Ende gespielt. Der Theaterskandal ist perfekt, Sternheim aufgewühlt. Walther Rathenau, der in ihre Loge kommt, beruhigt und hilft über das Unangenehme der Situation hinweg. Nach dem Theater fahren sie alle in Rathenaus Villa im Grunewald. Er schätzt Sternheim und seine Frau. Bemüht sich, sie zum Umzug nach Berlin zu überreden. Doch Carl und Thea gehen zurück nach Westende, Belgien erscheint jetzt fast wie eine Zuflucht.

Die Sternheims suchen ein Haus, in dem die Familie bequem zusammen leben kann. Künftig, so beschließen sie, sollen die Verhältnisse etwas bescheidener sein. Flandern, dessen Künstler sie beide so lieben, kommt dem mit seiner bodenständigen Atmosphäre entgegen. Wenn Thea in Brüssel ins hochgotische Münster geht, fühlt sie sich von den Skulpturen immer wieder ergriffen und angerührt. Im Sommer 1913 werden sie in La Hulpe, in der Nähe von Brüssel, ihr eigenes Haus beziehen. Das Städtchen La Hulpe liegt so reizvoll zwischen Wäldern und Feldern, dass sie beide gleich ein Gefühl von Heimat bekommen. Zumal Thea hier ein Stück ihrer Jugend wiederfindet. Seit ihrer Internatszeit hat sie sich immer wieder mit den flämischen Malern beschäftigt, besonders mit Pieter Brueghel. Später wird diese Gegend um Groenendaal in Thea Sternheims Roman *Sackgassen* eine wesentliche Rolle spielen.

Hier richtet sie sich ein Fotolabor ein, lernt Entwickeln und Vergrößern, hat nun ein eigenes Feld für sich entdeckt. Bald schon sammeln die Sternheims wieder Künstlerfreunde um sich. Sie lernen den expressionistischen Dichter und Literaturwissenschaftler Ernst Stadler kennen; der belgische Schriftsteller Émile Verhaeren wird ein enger Freund. Man führt ein geselliges Haus. Manchmal ist Carl gar eifersüchtig auf seine Frau, die mit ihrem Charme die Menschen bezaubert. Und sie kaufen wieder Gemälde, Renoirs, van Goghs.

Vor allem kann Carl Sternheim hier arbeiten. Wie immer weiht er seine Frau in den Plan neu entstehender Werke ein. Die Geschichte des Polizisten Christof Busekow, eine Novelle, die als vierter Teil in den Zyklus vom bürgerlichen Heldenleben eingehen soll, hat er in wenigen Stunden skizziert und erläutert sie Thea. Sie umarmt ihn spontan: Ja, sie weiß, er ist ein bedeutender Schriftsteller. Wieder und wieder ermutigt und stärkt sie ihn. Carl Sternheim hat die geniale Idee zu seinem Komödienzyklus: die Spezies des typischen wilhelminischen Bürgers aus den Zeitumständen der Gründerzeit und des prosperierenden Deutschen Reichs heraus zu erklären.

Gleichzeitig aber spürt Thea selber auch in sich die Lust zum Schöpferischen, das *Bedürfnis zur Formulierung*. Doch noch beschäftigen sie die Kinder und der Haushalt viel zu sehr, als dass sie sich konzentrieren könnte. Erst einmal liegt es ihr am Herzen, das Familienleben in die Hände zu nehmen, die Tochter Moiby zu unterrichten, Geborgenheit für die nun komplette Familie zu schaffen. Sternheim fühlt sich durch die Kinder oft gestört, er braucht zum Arbeiten seine Einsamkeit. Also versucht Thea, ihm die notwendige Ruhe und Abgeschiedenheit zu garantieren.

Am lebendigsten ist ihre Liebe in den Briefen, die sie wechseln. Da ist alles Trennende vergessen: *Du bist meine inniggeliebte Frau*, schreibt er ihr im November 1912, *der einzige Mensch dazu, der mir bedeutend im ganzen Umfang des Begriffs erscheint*. In den Briefen spricht er sie liebevoll mit *liebste Taube* an, *mein geliebter Engel*. Carl Sternheim reist oft nach Deutschland – München, Stuttgart, Berlin –, um die Theaterarbeit aus der Nähe zu begleiten, mal mit, mal ohne seine Frau. Theas Tagebuch gibt einen Eindruck vom ständigen Auf und Ab in ihrer Beziehung. Emphatische Nähe und beklemmendes Fremdsein wechseln einander ab. Carl Sternheims fortwährende außereheliche Beziehungen belasten das Gleichgewicht erheblich. Seltsam, notiert sie, sie sei nicht wirklich froh, wenn er heimkommt. Ganz verhalten noch kommen zum erstenmal Selbstmordgedanken zur Sprache. Manchmal will sie einfach nicht mehr. Nur der Gedanke an die Kinder lässt sie das bald wieder verwerfen. Die latente Gefahr aber verschweigen die Tagebücher nicht.

Im März 1913 findet, diesmal unter der Regie von Max Reinhardt selbst, die Uraufführung von Sternheims Stück *Bürger Schippel* in den Kammerspielen statt. Sternheim hat es dem bedeutenden Reinhardt-Schauspieler Albert Bassermann gewidmet, und es wird ein von Beifallsstürmen aufgenommener Theatererfolg. Auch finanziell eine wichtige Genugtuung für den Dramatiker. Wenn sie nach Berlin fahren und im „Adlon" wohnen, treffen sie die alten Freunde und Bekannten wieder: Max Reinhardt, Fritz von Unruh, Paul Cassirer, Walther Rathenau, Gerhart Hauptmann. Diesmal ist die ganze Familie gemeinsam gereist. Mit den Kindern geht Thea im Zoologischen Garten spazieren, zeigt ihnen die Stadt, in der ihr Vater aufgewachsen ist. Doch zu Hause fühlt sie sich hier nicht. Kehren sie nach Belgien zurück, ist ihr wohler.

Nun aber holt ihre Nierenerkrankung sie wieder ein, an der sie schon länger leidet. Eine Operation steht an. Doch wegen der schlechten Ergebnisse der Blutuntersuchung muss sie vorläufig verschoben werden. Die Ärzte raten zunächst zu einer Erholungskur. So reist die Familie Sternheim im Frühling 1913 in den Süden: Über Bozen, Mailand und Genua fahren sie im März an die Côte d'Azur, wo sie in Cannes einige unbeschwerte Tage verbringen. Thea kann sich hier soweit kräftigen, dass die Operation am 22. April in München gewagt wird. Doch der Erholungsprozess dauert länger als gedacht. Carl besucht sie regelmäßig im Krankenhaus. Es ist jedoch nicht nur ihr Körper, der krank ist. Vor allem braucht ihre Seele viel Zuwendung. Aber selbst wenn ihr Mann bei ihr ist, heißt es, *finden wir uns nicht recht.*

Sternheim möchte jedoch seinen guten Willen zeigen und das Seine zum Familienfrieden beitragen. Gerade in dieser Zeit, als Thea in der Klinik liegt, hat er den Kauf des neuen Hauses in La Hulpe perfekt gemacht – im festen Glauben, dies wird der Familie ein harmonisches, ruhiges Zuhause sein. *Die Gegend ist tausend mal schöner als der Rhein. Hier werden wir, was die Natur und unser Haus angeht – wenn die Menschen uns zufrieden lassen, sehr sehr glücklich sein können,* schreibt Carl an seine Frau. Auch ein Auto habe er schon ausgesucht, damit sie mobil genug sind. Und ihr Zimmer, verspricht er ihr, *wird ein Juwel. Auch die Bibliothek ein Schmuckkasten.*

Am 30. Juni 1913 zieht Thea zunächst mit ihrer Tochter nach La Hulpe. Die folgenden Monate sind für die Familie eine relativ gute Zeit. Thea ist hingerissen von der Weite der Landschaft, der unmittelbaren Nähe zur Natur. Vom Haus aus sieht sie weidende Kühe und Schafe, Treibhäuser voller reifender Weinreben. Noch nie hat sie einen so weiten Horizont um sich gehabt. Das macht sie geradezu beschwingt und hoffnungsvoll für die gemeinsame Zukunft. Carl arbeitet konzentriert an dem Stück *Der Snob.* Wie immer beginnt er früh am Morgen und mit gleichbleibender Disziplin zu schreiben – belohnt, wie er in *Vorkriegseuropa im Gleichnis meines Lebens* bekennt, *durch den unmittelbar folgenden Beifall, Herzenszustimmung der das Werk miterlebenden Gefährtin.* Ja, in der Begeisterung für Carls literarisches Schaffen stellt sich die ursprüngliche Nähe ein. Thea ermutigt und bestärkt ihn. Sie weiß, wie notwendig ihm ihr Zuspruch ist.

Der Snob, eines der Stücke des erfolgreichen Zyklus *Aus dem bürgerlichen Heldenleben,* enthält ein Gutteil von Carl Sternheim selbst, seinem Geltungsdrang, seiner Sucht nach Eleganz und öffentlicher Anerkennung, seiner

Manie, zu glänzen um jeden Preis. Diesmal geht es um Christian Maske, den Sohn der Hauptfiguren Theobald und Luise Maske aus dem Lustspiel *Die Hose*. Dieser noch junge Mann aus einfachen Verhältnissen, durch eigene Fähigkeiten zu Reichtum und Ansehen gelangt, wird Aufsichtsrat eines renommierten Wirtschaftsunternehmens. Alles scheint ihm zu gelingen. Forsch geht er aufs Ganze; er expandiert und hat Erfolg. Nur eines fehlt ihm noch zum absoluten Glück: die Heirat in erlesene Kreise, die Ehe mit einer vornehmen adligen Dame. Und Marianne, die Tochter des Grafen Palen, will ihn. Da finden sich zwei: Er hat das Geld, sie die Noblesse. Alles ist der Mann einzusetzen bereit, wenn es nur gelingt, aufzusteigen nach ganz oben. Er will das Eine: dazugehören. Dafür verleugnet er zunächst sogar die eigenen Eltern. Loswerden will er den Vater, einen unbedeutenden niederen Beamten, den Mangel an höherer Bildung. Und jenes Malheur des Ehepaares Maske mit der Hose münzt der Sohn Jahrzehnte später gar soweit um, dass seine Braut in ihm einen heimlichen Adelsspross vermuten muss. Die eigene Frau zu belügen, die tote Mutter dagegen abgöttisch zu lieben – Muster, die man ebenso im Leben Carl Sternheims findet.

Die Dramenfolge *Aus dem bürgerlichen Heldenleben* ist in ihrer bissigen Satire dem Roman *Der Untertan* verwandt, an dem Heinrich Mann gerade zu dieser Zeit schreibt. Das Wilhelminische Kaiserreich bringt genau diesen Typus des „Helden" hervor, der beide, den Dramatiker wie den Romancier, reizt und zu einigen ihrer besten Figuren herausfordert – Figuren, deren Ursprung in den Gründerjahren liegt. Diese Zeit des Aufstiegs des Deutschen Reichs war der Nährboden für Nationalismus und Größenwahn. In der Schärfe der Analyse des ökonomischen und politischen Aufstiegs des typisch deutschen Bourgeois sind beide als Pendant des anderen zu sehen. Und sowohl Sternheims Komödien als auch Heinrich Manns Roman erscheinen auch noch im selben Verlag: bei Kurt Wolff – jenem legendären Verleger, der zwischen 1913 und 1930 alle berühmt macht, die den deutschen Expressionismus und die wichtigsten Leistungen der modernen deutschsprachigen Literatur verkörpern, wie Georg Heym, Walter Hasenclever, Franz Werfel, Georg Trakl, Karl Kraus, Franz Kafka, Kurt Hiller, Arnold Zweig und Gottfried Benn. Und eben jene beiden, die den deutschen Untertan in seiner schillerndsten Ausprägung als unnachahmliche Figur in die Welt schickten: Heinrich Mann und Carl Sternheim. Kein Wunder, dass Kaiser Wilhelm II. auf beide nicht gut zu sprechen ist und wenige Jahre später, mitten im Krieg, sieben von Sternheims Stücken mit Aufführungsverbot auf preußischen Bühnen belegt.

Noch aber ist es nicht soweit. Zehn Jahre später, 1923, wird Heinrich Mann an seinen Freund Félix Bertaux über Carl Sternheim schreiben: „Von den Autoren, die Sie nennen, scheint mir Sternheim der wichtigste. Kein Dichter im deutschen Sinn, aber heute unser einziger Komödienschreiber. Sein ‚bürgerliches Heldenleben' stellt die Welt, die wir erlebt haben, ohne Umschweife und Zugeständnisse wirklich auf die Bühne. Dazu der Tragiker Wedekind, und das wahre Theater ist aufgezählt."

Thea Sternheim kann sich am literarischen Werk ihres Mannes ergötzen, seine Einfälle und Bonmots hinreißend finden. Wenn er ihr aus seinen Manuskripten vorliest, amüsieren sie sich köstlich zusammen. Die Misshelligkeiten verdrängt man in solchen Stunden. Doch immer wieder gibt es auch *harte Worte* zwischen den Ehepartnern. Und Thea ahnt, dass sie sich nur beschwichtigt. Wenn sie allein mit den Kindern zu Hause ist, malt sie sich aus, wie Carl unterwegs in den großen Städten und den mondänen Hotels wieder eine neue Liebschaft beginnt. In der Absicht, abzuwiegeln und sie zu beruhigen, schreibt er ihr, es sei doch nur die *Maschinistin* gewesen, also die Schreibkraft, die ihm die Manuskripte tippt. Doch im Tagebuch gibt Thea unumwunden zu, als Carl ihr im November aus Berlin einen Brief voller Zärtlichkeiten schickt: *Ich glaube ihm nicht mehr!* Die ewigen Affären! Sie fühlt sich betrogen. Manchmal wankt der Grund, auf dem sie steht, beunruhigend. Denkt sie an ihre Jugend zurück, an die Brüskierung der eigenen Eltern, als sie bei der heimlichen Heirat ihren Kopf durchsetzte, erschrickt sie über sich selbst. Den äußeren Wohlstand, das gesteht sie sich ein, verdankt sie ihrem Vater; den inneren Wohlstand hat sie sich mit vielen Irrtümern erkauft. Das Resümee fällt nicht sehr vorteilhaft aus: *Meine Mädchenjahre sind voller Irrtümer.*

Einmal tut sie das Unvermeidliche, das jedoch nie eine Lösung bringt: Sie bricht Carls Schreibtisch auf und findet darin ein Notizbuch, das ihr den Beweis für all seine Untreue zu enthalten scheint: *die Leporelloliste, die Namen fast aller weiblichen Bekannten, die seit unserer Ehe in unserem Haus ein- und ausgingen.* Mit entsetzten Augen liest sie mehr als hundert Namen *mit Anmerkungen wie „saepe, zwölfmal, dreimal, einmal".* Auf einmal tauchen, wie auf einer Kinoleinwand, aus ihrem Gedächtnis Szenen auf, beinahe vergessen, wo Besucherinnen oder Hausmädchen verstört herumliefen oder mit rotem Kopf sich rasch abwandten. Eine Demütigung, die wie ein Schlag sitzt. Der Autor Sternheim sieht sich selbst als Verkörperung seiner Titelfigur Don Juan. Theas Glauben an ihren Mann ist längst in Scherben gegangen. Und doch hält sie weiterhin an ihrer Ehe fest. Sie weiß, wie sehr Carl sie braucht.

Umso wertvoller werden die neuen Freundschaften, die sie in diesen Jahren schließen. Thea, öfter allein mit den Kindern, wenn Carl auf Reisen ist, weiß die freundschaftlichen Gespräche sehr zu schätzen. Vor allem mit dem Schriftsteller Émile Verhaeren. Sternheims verkehren mit Ernst Stadler, dem expressionistischen Lyriker und Literaturwissenschaftler, der seit 1910 an der Universität in

Brüssel lehrt. Sie sehen sich oft und tauschen sich über alles aus, was das gesellschaftliche Leben in dieser aufgeladenen Zeit vor dem Weltkrieg bestimmt. Stadler gibt Thea viele Literaturempfehlungen, etwa die Bücher des französischen Dichters Francis Jammes. Sie liest und saugt alles in sich auf, was sie bewegt, was sie zu trösten vermag. So setzt sie sich in dieser Zeit besonders intensiv mit religiösen Fragen auseinander. Die Bücher Tolstois begleiten sie von nun an beständig. Als Stadler bereits am 30. Oktober 1914 an der Weltkriegsfront fällt, trauern sie sehr um den Freund. Carl Sternheim verfasst für die *Vossische Zeitung* einen ehrenden Nachruf auf ihn.

Das Jahr 1913 ist noch eine scheinbar ruhige Zeit. Aber schon werfen die machtpolitischen Turbulenzen in Europa dunkle Schatten voraus. Allenthalben ist von einem drohenden Krieg die Rede. Auf dem Balkan wird vorläufig noch mit diplomatischen Mitteln gerungen. Doch die Machtinteressen stehen hart gegeneinander, und das kann, wenn es schlimm kommt, ganz Europa in seinen Strudel ziehen. Im Untergrund brodelt es. Carl Sternheim schreibt im folgenden Winter sein Stück *1913*. Darin springt die scharfe Kritik des nackten, gierigen Kapitalismus ins Auge, der einen Krieg in Kauf nimmt, wenn er nur maximalen Profit verspricht. Nur aus der Jahreszahl besteht der Titel des Stücks – aber welch eine unterschwellige Sprengkraft darin: Alles steht auf des Messers Schneide. Was kommen wird, entscheidet sich genau hier und jetzt. Später wird oft von Prophetie gesprochen, mit der der Dramatiker den Weltkrieg vorausgesagt habe. Doch seine entscheidende Leistung besteht darin, den Krieg, wenn er denn kommen würde, als ein großes Geschäft zu durchschauen, in dem die Nationen untereinander ihre ökonomischen Interessen mit äußerster Brutalität durchsetzen. Die internationale Geldwirtschaft, so offenbart sein Stück, geht über Leichen. Und nichts bringt so viel Gewinn wie Waffengeschäfte. Er selber bemerkt später, er habe vor allem gezeigt, *wohin in aller Einfalt des Bürgers Handel gediehen war. Vom Dichter gab es nichts, nur noch von Wirklichkeit hinzuzusetzen.* Der Zyklus *Aus dem bürgerlichen Heldenleben* hat damit seinen schauerlich-makabren Höhepunkt gefunden.

Als der Weltkrieg am 1. August 1914 tatsächlich ausbricht, sind die Sternheims in ihrer konsequent pazifistischen Haltung von Anfang an entsetzt. Sie machen die Kriegsbegeisterung auch breiter Kreise der deutschen Intellektuellen keine Sekunde lang mit. Was nun mit einer unbeschreiblichen, bisher in der Geschichte so nicht gekannten Wucht losbricht, ist die Urkatastrophe des zwanzigsten Jahrhunderts: ein Krieg, der in einem Massenvernichtungswahn und mit einer wütenden, menschenverachtenden Kriegsmaschinerie von ungeahnten Ausmaßen die Völker Europas gegeneinander hetzt. Am 4. August 1914 besetzt Deutschland das neutrale Belgien, nachdem es Russland und Frankreich den Krieg erklärt hatte. Brüssel ergibt sich kampflos. Ganz besonders schmerzt es die Sternheims, wie Frankreich und Belgien nun zum Erzfeind erklärt werden, gerade die beiden Nationen, denen sich Carl und Thea so verwandt fühlen. Der Hurra-Patriotismus, der in den ersten Monaten des Krieges in Deutschland die Atmosphäre bestimmt, stößt sie zutiefst ab.

Dennoch muss Carl Sternheim, da er mit sechsunddreißig Jahren noch im dienstpflichtigen Alter ist, sich den deutschen Militärbehörden stellen. So verlässt die Familie La Hulpe und Belgien – in der Hoffnung, dass es nicht für immer sein möge. Von überall her kommen die Reisenden, brechen überstürzt die Sommerfrische an der Nordsee ab und fahren in überfüllten Zügen nach Deutschland zurück. Auch Sternheims mit den Kindern gelangen unter schwierigen Bedingungen, streckenweise in einem Viehwagen, Richtung Grenze. Plötzlich verkaufen die Belgier dringend benötigte Waren nur noch gegen Silbergeld. Mit ihrem Tausendfrankenschein kann Thea nicht einmal ein Glas Milch für die Kinder erstehen. In einem nächsten Zug nach Krefeld treffen sie im Abteil auf deutsche Kriegsfreiwillige: Ihre sentimentalen Vaterlandsgesänge, *Die Wacht am Rhein* oder *Deutschland über alles*, stoßen sie ab. Dieser übersteigerte Patriotismus kommt ihr hohl und verlogen vor. Durch den Einfluss der Mutter sind auch ihre Kinder davor gefeit. Im Tagebuch bekennt sie, ihre Liebe gelte nicht den Deutschen, den Russen, Franzosen oder Belgiern als solchen, sondern sie liebe *Flaubert, Beethoven, Goethe, Stendhal, Breugel und Beardsley*. Diese im tiefsten Grunde europäische Einstellung ist für die ganze Familie charakteristisch.

Auf Grund seiner labilen Gesundheit wird Sternheim in Deutschland als für den aktiven Kriegsdienst untauglich zurückgestellt. Zum ersten Mal ist ihm seine schwache Konstitution von Vorteil. Die Hysterie der Kriegsbegeisterung und die bis zum Äußersten aufgeheizte Stimmung führen Mitte August zu einem Nervenzusammenbruch. Carl Sternheim muss sich erholen. Im einigermaßen ruhigen Bad Harzburg mietet sich die Familie in einem Hotel ein. Während um sie herum die deutschen Kriegserfolge gefeiert werden, ziehen sich die Sternheims nach Möglichkeit von dem *kollektiven Schauder* zurück. In einem Brief an die Tochter Mopsa schreibt Theas geschiedener Mann Arthur Löwenstein, der als Reserveleutnant eingezogen ist, dem Kind, es gäbe für ihn nichts Größeres und Schöneres, als ein Deutscher zu sein. Thea fühlt sich abgestoßen. So notiert sie, sie schäme sich geradezu, einer derart militanten Nation anzugehören.

Entsetzt stellen sie fest, dass viele ihrer Freunde und Bekannten, von denen sie es nicht erwartet hätten, die Kriegsbegeisterung teilen. Selbst Walther Rathenau, was besonders Thea verstört. Carl Sternheim fährt mehrfach nach Berlin, die Arbeit am Deutschen Theater geht trotz allem weiter. Von dort schreibt er am 14. November 1914 an seine *geliebte Taube*, er entbehre sie sehr an seiner Seite: *Reinhardt ist allmählich der einzige Mensch, mit dem man hier sprechen kann. Alle andern sind unzurechnungsfähig.* Voller Zärtlichkeit schickt er ihr *viele viele Küsse*. Er hat eine Bearbeitung von Klingers Tragödie *Das leidende Weib* gemacht, doch die Uraufführung im Dezember wird durch die Berliner Zensur verboten. Sternheim schließt sich nun enger an den Kreis der jungen Künstler um die Zeitschrift *Die Aktion* und ihren Herausgeber Franz Pfemfert an. Auch Maximilian Harden, der engagierte Publizist und Herausgeber der Wochenschrift *Die Zukunft*, unterstützt Sternheim gegen die Angriffe der konservativen Presse.

In jener unruhevollen, aufgeputscht militanten Atmosphäre beschäftigt sich Thea Sternheim stärker denn je mit dem Werk Lew Tolstois. Wenn sie seine Bücher liest, wird sie ausgeglichener, so bei seinem Drama *Das Licht leuchtet in der Finsternis*. Sein Pazifismus und seine von einem urchristlichen Gedankengut geprägte Einstellung zur zeitgenössischen Welt beeindrucken sie tief und geben ihr das geistige Rüstzeug für ihre Kriegsablehnung. Resultat dieser Auseinandersetzung ist ein Artikel über Tolstoi, worin sie schreibt, dass Tolstoi *die Katastrophe, die jetzt über das Christentum hereingebrochen ist*, vorausgesehen habe. Der Artikel sollte ursprünglich im Februar 1915 in der *Aktion* veröffentlicht werden. Doch die Zensur verhindert auch das. Im Brief von ihrem Mann erfährt sie, *Pfemfert hat Deinen Artikel im letzten Moment jetzt nicht gedruckt weil man ihm einen Wink gegeben hat, die Zeitung würde dann verboten.* Erst in einer späteren Sonderausgabe kann ihr Text erscheinen.

Auch im neuen Jahr 1915 ist Sternheim öfter allein in Berlin. Diesmal wird das Stück *Der Scharmante* in den Kammerspielen uraufgeführt. Wie jedesmal, wenn sie getrennt sind, ist die Liebe und Sehnsucht stark. Er denke an seine

Frau mit *andächtiger Liebe*, schreibt er ihr am 10. Februar: *Was hast Du von Deinem Mann für einen falschen Begriff, wenn Du meinst, Dein Bild verläßt ihn als das Gleichnis aller Güte, Würde, Schönheit und irdischen Bedeutung. Du und die Kinder Ihr seid weit über meine Arbeit hinaus meines Lebens Glanz.*

In das, was Du mir heute bist, fließt die Erinnerung an all die vielen holden Erscheinungen, die Du mir gewesen bist, seitdem Du in mein Leben tratest. Geliebte, Gattin, Wegweiserin, Schenkerin, Kamerad, Richterin und Geliebte. Mutter vom Dicken und von Mops. [...] Dein Hünni. Da leuchtet die frühere Emphase wieder auf, die Liebe, der sich beide einst so sicher waren. Hält man Theas Tagebucheinträge dagegen, klingt daraus jedoch die ernüchterte Einsicht, sein und ihr Leben laufe nicht im gleichen Takt. *Erst habe ich mich mit Passion ihm entgegengeworfen: jetzt weiche ich ihm aus.*

Am 10. Januar wird ihre Tochter Dorothea, Moiby, zehn Jahre alt. Ein Anlass für Thea, über den Wandel der Gefühle nachzusinnen, der seitdem eingetreten ist: *Was wurde aus Karls Beziehung zu mir? Was wurde aus meiner Liebe zu Karl?* Es vergehen Wochen, so notiert sie, in denen sie nicht einmal einen Händedruck miteinander wechseln. So macht sie sich schmerzhaft klar, dass ihre Liebe zu Carl auch nur ein Teil dessen sei, was ihre Existenz ausmache. Sie sucht nach einem festen Punkt im Leben, nach einer Möglichkeit, über die Ehe hinaus etwas Großes, Eigenes zu leisten. Eine latente Unruhe färbt ihren Alltag oft dunkel.

In Berlin ist Sternheim gar nicht zufrieden. Im Grunde will er nur weg, um in Ruhe schreiben zu können. Zuweilen leidet er geradezu unter dem *cynischen Geist dieser Stadt.* Doch die Theaterarbeit erfordert oft seine Anwesenheit. Max Reinhardt versucht alles, um trotz drohender Zensur wenigstens eines der Sternheimschen Stücke auf die Bühne zu bringen. Wenn sonst alles Aktuelle verboten wird, will er wenigstens das unverdächtige *Ulrich und*

Brigitte spielen. Aus Bad Harzburg schreibt ihm Thea: *Ich wollte, Du wärest froh.*

Es gibt Briefe von Carl an seine Frau, da weicht auch er den Schwierigkeiten ihrer Ehe nicht aus und nennt den Zwiespalt offen beim Namen: *Früher war alles einfach, weil Du mich liebtest. Ob Du mich liebst, weiß ich seit den letzten Wochen nicht mehr. All mein Leben ging aber doch von dieser Voraussetzung aus.* Er möchte bedingungslos geliebt werden. Seine Nerven sind zu schwach, um neben den aufreibenden beruflichen Konflikten und der Anspannung des Schöpferischen noch Ehezwistigkeiten zu bestehen. Sie solle, so fordert er von ihr, seine Natur so annehmen, wie sie ist. Der Zwiespalt, in dem er seit seiner Jugend steckt: Als Künstler ist er bedeutend, als Mensch aber arg anfällig und permanent gefährdet. Da scheint er oft haltlos, ja hilflos. Eine starke Frau an seiner Seite braucht er nötiger als alles andere – um sich anzuklammern, festzuhalten. Es sind die zwei Seiten seiner Existenz: Sieht es nach außen hin nach einem übersteigerten Größenwahn aus, steckt dahinter ein eher geringes Selbstbewusstsein. Daher sein Geltungsdrang, der anderen schnell auf die Nerven geht. Für die Menschen, die mit ihm leben, schwierig genug – aber bei Künstlern gar nicht so selten. Die Freiheit des Mannes auch außerhalb der Ehe stellt er dabei aber keineswegs in Frage.

Ihren Aufzeichnungen vertraut Thea an, der Faden ihrer Geduld werde immer dünner. Sie wolle Klarheit gewinnen, koste es, was es wolle; sie müsse erfahren, *woran ich mit diesem Mann bin, der sich immer mehr zum Alb meines Daseins auswächst.* Bei so viel Ernüchterung ist es erstaunlich, wie lange die Ehe der Sternheims dennoch währt. In diesen Kriegsmonaten, in ihrer Unruhe und Zerrissenheit, sucht sie auch wieder stärker Halt im christlichen Glauben. Er hat ihre Kindheit und Jugend geprägt, so etwas verliert sich nie ganz und gar. Sie fühlt sich gestärkt durch *diesen übernatürlichen Beistand.*

Besonders um die Zukunft ihrer Kinder sorgt sich Thea immer wieder. Oft kann sie nachts deshalb nicht schlafen. Ihr ist bange, wenn sie sich vorstellt, wie sie als Erwachsene einmal mit den ruhelosen Erfahrungen ihrer Kindheit umgehen werden, den Erinnerungen an den permanenten Streit ihrer Eltern, den sie aushalten müssen. *In ihrer Jugend wird Hass gesät, wie sollen sie da Liebe ernten wenn sie heranwachsen.*

Joséphine Nicolay, genannt Titine, das wallonische Kindermädchen, kümmert sich um Klaus und Mopsa, wann immer es nötig ist und Theas Kräfte allein überfordert wären. Sie ist aus Belgien auch nach Deutschland nachgekommen und begleitet die Familie später wieder zurück über die Grenze. Die Sternheims sind es gewohnt, über Personal zu verfügen. Deshalb ist es so wichtig, gerade für die Kinder jemanden zu haben, dem sie ganz vertrauen können.

Das Frühjahr 1915 bringt einen Ortswechsel für die Familie. Sie gehen nach Königstein im Taunus und bleiben dort bis April 1916 – bis die Situation es wieder erlaubt, nach Belgien zurückzukehren. Zeitweilig muss Carl, seiner labilen Gesundheit wegen, im Sanatorium in Königstein gepflegt werden. Er will, er muss seiner immerwährenden Nervosität Herr werden. Nicht zuletzt wählt man den Beistand der ärztlichen Autorität, um der drohenden Gefahr einer erneuten Musterung zu entgehen.

Schon im Juni 1915 fahren Carl und Thea einmal nach Brüssel und La Hulpe, um die Lage vor Ort zu erkunden. In Deutschland hält sie dann nichts mehr. Vor allem aber werden Sternheims Stücke in Deutschland verboten, die Theater dürfen ihn nicht mehr spielen. Es fehle ihnen an nationaler Gesinnung. So entschließen sie sich, den Neubau eines Hauses für die Familie, den sie vor dem Krieg in

La Hulpe in Auftrag gegeben haben, nun endlich fortzusetzen, trotz aller Unsicherheiten. Damals, als sie sich für Belgien als festen Aufenthaltsort entschieden hatten, haben sie ein Grundstück erworben, gelegen auf einem Hügel. Und in Anlehnung an Tolstois Landgut Jasnaja Poljana schlägt Thea vor, es „Clairecolline" zu nennen, ein lichter Hügel.

Ihre strikte pazifistische Haltung verbindet nicht nur das Ehepaar Sternheim wieder stärker miteinander. Auf einer Reise im April 1915 nach Genf lernen sie den französischen Schriftsteller Romain Rolland kennen, der sich als einer der europäischen Wortführer gegen Krieg und Völkerhass profiliert hat. Die Gleichgesinnten, die dem verheerenden Krieg entgegenzutreten versuchen, finden einander. Auch mit Annette Kolb verkehren sie in dieser Zeit häufig. In Königstein geht Thea gern mit ihr spazieren und porträtiert sie auf Fotos. Die Schriftstellerin, aus einer deutsch-französischen Familie kommend, engagiert sich in Reden und Aufsätzen vehement für Vernunft und Völkerverständigung. Sie alle eint der Impuls, den Weltkrieg so schnell wie nur möglich beenden zu helfen. Ebenso gehört der deutsch-französische Autor René Schickele, der aus dem Elsass stammt, zu ihren Verbündeten. Er hat die Zeitschrift *Die weißen Blätter* gegründet, in der mehrere Dramen und Novellen Sternheims gedruckt worden sind. So erscheint 1915 hier sein Stück *1913*, das von Siegfried Jacobsohn, dem Herausgeber der *Schaubühne*, als ein ganz wesentliches Zeugnis der deutschen Zustände unmittelbar vor dem Weltkrieg hervorgehoben wird. Schickele verlegt die Redaktion der *Weißen Blätter* während des Krieges in die Schweiz und kann sie so vor der Zensur retten. Hier erscheint auch Sternheims *Napoleon*.

Im Dezember erhält Carl Sternheim für seine drei Novellen *Busekow*, *Napoleon* und *Schuhlin* den Fontane-Preis zuerkannt. Er gibt die Preissumme an Franz Kafka weiter, der, wie er findet, das Geld weit nötiger hat als er. So konnte er auch wieder sein, großzügig, solidarisch mit einem Kollegen, der damals in der Öffentlichkeit noch gar nicht bekannt ist, aber unter Eingeweihten als eine der großen literarischen Begabungen der Zeit gilt, ein Geheimtipp gewissermaßen. Er hatte einige Arbeiten Kafkas in Franz Bleis *Hyperion* gelesen und war beeindruckt.

Anna: Die Geschichte einer Frau

Noch in Königstein, im Februar 1916, überfällt Thea Sternheim die aus ihrer Kindheit vertraute *schöpferische Lust*: Sie spürt, dass sie schreiben kann und schreiben muss. Carl Sternheim arbeitet zu dieser Zeit an mehreren Erzählungen, und so fühlt sich seine Frau ebenfalls beflügelt, die Erzählung über ein Mädchen, eine junge Frau zu beginnen: *Anna*. Sie befinde sich, notiert sie, in einem *Zustand unbeschreiblichen Glücks*. Lange schon schlummert in ihr das Bedürfnis, sich schöpferisch auszudrücken, zu formulieren, zu gestalten. Doch die meiste Zeit waren die äußeren Umstände dem nicht günstig. Wie oft haben die Sorgen um Carls Gesundheit oder die der Kinder sie vollständig besetzt und ihre Kräfte gebunden. Jetzt nun, mitten im Krieg, packt sie die Gelegenheit fest mit beiden Händen und entwirft die Geschichte des Mädchens Anna. Durch die künstlerische Arbeit macht sich die Frau hier im ganz direkten Sinne frei, frei vom Gefühl des Unnützen und Vergeblichen, aber nicht zuletzt auch von der Beklemmung durch die Ängste, die der Krieg jeden Tag aufs Neue hervorruft.

Eines Abends wagt es Thea, ihrem Mann zu zeigen, was sie da schreibt. Es ist spät, sie sind allein und sitzen sich in ihren Lesesesseln gegenüber. Nicht ganz unbefangen heißt es im Tagebuch: *Ich lache mit Karl: Ich schreibe auch eine Erzählung*. Mit Herzklopfen, zögernd noch, liest sie Carl das erste Kapitel vor – mit rotem Kopf und bebender Stimme. Seine Bemerkungen dazu erwartet sie durchaus mit Erregung. Denn wenn sie ihm in einem fest vertraut, dann ist es sein literarisches Urteil, sein Kunstverstand. Carl, so notiert sie, hört zuerst verblüfft zu, um sie dann mit uneingeschränktem Lob zu überschütten. Er ermutigt sie, mit dem Schreiben weiterzumachen.

Es ist die Geschichte eines Mädchens, das früh die Eltern verloren hat und nun bei der älteren, verheirateten
Schwester aufwächst, die Annas Individualität unterdrückt,
statt sie zu fördern. Kleinbürgerliche, eingeschränkte Verhältnisse engen auch ihren geistigen und seelischen Spiel-
raum ein. Der Schwager maßregelt und duckt sie, wo er
kann. In die Figur fließen manche Erfahrungen aus Theas
eigener Jugend ein. Sie selbst wurde auch als Mädchen aus
dem familiären Zusammenhang herausgerissen, als man sie
frühzeitig in Internate schickte. Damit hat sie die Geborgenheit verloren, die gerade für eine Heranwachsende so
unersetzlich ist. Die Hinwendung zur Kirche als Trost, als
Heilslehre kennzeichnet auch das Mädchen Anna. Die *Ge-
heimnisse des Frommseins* üben auf das Kind eine suggestive,
beinahe mythologische Wirkung aus: keine autobiografi-
sche Erzählung, aber ein Text, der ihr selber nahe ist. So
schreibt sie sich die Verletzungen der Jugendlichen von der
Seele. Sie wird ihre Anna-Figur, auch in ihrem Erwachsen-
werden, lieben wie ein eigenes Kind. Wenn sie an ihrem
Text arbeitet, ist sie glücklich. Sie kennt sich mittlerweile
gut genug, um zu wissen, dass einzig das Schöpferische sie
befriedigt. *Denn in mir liegen kolossale Energien brach. Ich bin
für die Leidenschaft, für die große Arbeit geschaffen*, bekennt sie
im Tagebuch. Die schönsten Tage sind für sie diejenigen,
die ausgefüllt sind bis zur letzten Stunde. Sie will etwas Eigenes hervorbringen, nicht nur zusehen.

Doch auch der Entstehungsprozess dieser Erzählung
zeigt die Kluft, die sich immer wieder zwischen ihnen auf-
tut: Bald schon kommen sie an den Punkt, an dem Carl
Thea zurechtweist, ja sie abkanzelt, wenn seine eigenen
Erwartungen in ihrer Prosa nicht erfüllt werden. Sie hat
jedoch das sichere Gefühl, dass es gelingt. Während Carl
seine Erzählung *Meta* vollendet, arbeitet sie in jeder freien
Minute an *Anna*. Und so, wie der Widerspruch gegen
Carl allmählich wächst, wächst auch ihr Selbstvertrauen –

nicht ohne Rückschläge und Tiefpunkte – in ihre eigenen erzählerischen Fähigkeiten. Dieses Schreibprojekt wird Thea Sternheim nicht nur die nächsten Jahre, es wird sie über Jahrzehnte ihres Lebens begleiten. Aus der Novelle *Anna*, die ganz am Anfang steht, noch zögerlich begonnen, wird schließlich der Roman *Sackgassen*. Es ist ihr Schmerzenskind.

Inzwischen lebt die Familie Sternheim wieder im belgischen La Hulpe, zunächst in der gemieteten Villa „Piccola". Parallel zum Neubau des eigenen Hauses wächst die Geschichte von *Anna*. Auf Spaziergängen mit den Kindern sieht Thea das Fortschreiten der Arbeiten mit großen Hoffnungen. Schon träumt sie auch von weiteren Erzählungen, die sie schreiben will. Aber noch ist alles unklar, steht ihr kein fester Handlungsfaden vor Augen.

Die Sternheims nehmen Flüchtlinge bei sich auf, Familien, die kein eigenes Dach über dem Kopf haben. Mopsa und Klaus wollen mit ihrem Taschengeld selber helfen, armen Kindern ein wenig Freude zu schenken, eine Süßigkeit vielleicht oder ein kleines Spielzeug. Thea ist froh darüber, in den eigenen Kindern ein starkes *Gefühl des Mitleids für fremden Kummer* wachsen zu sehen. Im Hintergrund aber immer wieder der Lärm von der Front, die *schreckliche Kanonade*. Die latente Gefahr lässt sich nicht ausblenden.

Thea Sternheim tut alles dafür, in ihren Kindern ein tief menschliches, auch künstlerisches Empfinden zu fördern und sie in ihrer Entwicklung zu unterstützen. Sie spricht mit ihnen über alles, was draußen in der Welt vorgeht. Stundenlang spielt sie ihnen auf dem Klavier vor, empfiehlt ihnen Lektüre, die sie beeindruckt. Ihrer Tochter Moiby gibt sie Tolstois großes Romanwerk *Krieg und Frieden* zu lesen, obwohl sie erst zwölf Jahre alt ist. Sie soll ihn frühzeitig lieben lernen, wie die Mutter selbst, die gerade in diesen Kriegsjahren immer wieder Tolstoi liest. So hofft Thea, ihren Kindern das geistige Rüstzeug mitgeben zu können, um sie immun zu machen für Unmenschlichkeit und Hass.

Anfang Dezember 1916 ziehen sie schließlich ins eigene Haus „Clairecolline" ein. Auf dieses Haus setzen sie große Hoffnungen. Wenn Thea durch die Eingangstür des schönen Gebäudes tritt, kommt es ihr wie ein „Sesamöffne-dich" vor. Hier, so glaubt sie, müsste sich endlich alles erfüllen, wonach sie immer gesucht hat. Man muss nur das Zauberwort kennen, um das Glück zu bannen. Allerdings bleibt Carl, während Thea mit den Kindern den Umzug bewältigt, zunächst im Hotel, um, wie jedes Mal in solchen Fällen, dem Trubel zu entgehen und geschont zu werden. Wenn der Krieg nicht wäre, könnten sie nun beinahe glücklich sein. Carl und Thea arbeiten zum ersten Mal gleichzeitig an literarischen Texten. Bisher war Thea immer nur diejenige, die seine Werke ins Reine schrieb oder ihm beratend zur Seite stand, gewissermaßen in der Funktion der Privatsekretärin. Nun kann sie selber künstlerisch tätig sein, sie schreibt an ihrer Erzählung. Bereits im Februar 1917 erscheint der Band *Mädchen* mit drei Erzählungen, *Geschwister Stork*, *Meta* und *Anna*, ausgestattet mit vierzehn Lithografien des jungen expressionistischen Malers und Grafikers Ottomar Starke – unter dem Namen des Autors Carl Sternheim. *Anna* sogar an erster Stelle. Wie ist es dazu gekommen? Hat Thea Sternheim keinen Mut, sich selbst als Autorin der Öffentlichkeit zu stellen? Oder redet ihr Carl Sternheim ein, sie hätte ohnehin keine Chance, wahrgenommen zu werden, wenn nicht sein Name den Weg bahnen würde? Wir wissen es nicht. Vorläufig erfährt auch keiner die wahre Autorschaft von *Anna*. Erst 1918, als Carl Sternheims *Ulrike* erscheint, wird er im Nachwort erklären, dass nicht er, sondern seine Frau Thea Sternheim die Erzählung geschrieben hat.

Weiterhin jedoch ist das tägliche Zusammenleben des Ehepaares von vielerlei Störungen und untergründigem

Unwillen geprägt. In ihren Tagebucheintragungen spricht Thea Sternheim mit unverstellter Stimme. Da ist unterschwellig stets dieses ziehende Gefühl der Sehnsucht nach etwas, was sie nicht genau benennen kann. Unheimlich präsent, oft noch verdrängt. Aber es bohrt unablässig, unabweisbar im Bewusstsein. Sie hatte, als sie diesen Mann zu lieben begann, auf eine Partnerschaft gehofft, in der sich Mann und Frau als gleichwertig begegnen. Mit der literarischen Arbeit an ihrer Figur der Anna wird sie in den kommenden Jahren – immer wieder unterbrochen durch die Wechselfälle ihres unsteten Lebens – versuchen, sich ihre Position bewusster zu machen. Nur so kann sie mit den Demütigungen von Seiten ihres Mannes umgehen. Anna wird ihr eigenes Korrektiv.

Carls Nerven, durch immer neue Schwierigkeiten mit den Theatern, mit dem Bankrott seines Vaters, mit den Kritikern aufs Höchste angespannt, halten dem kaum stand. Und das Schlimmste: Er lässt alle Unbilden an seiner Frau aus. Oft kann auch sie das nicht mehr kompensieren. In ihrem Tagebuch liest man den Stoßseufzer: *Alle Ärgernisse der letzten Wochen werden wie ein Kübel Jauche über mich ausgeleert. Ich weine haltlos. Wie kann sich in einem Menschen so viel Gift ansammeln!* Mit welchem Recht, so fragt sie ihn unter Qualen, bringt er *nichts als Gift* in ihr Leben? Alles macht er ihr zum Vorwurf: die Geräusche des Personals im Haus, das Reden der Kinder, das Schüren der Heizungsanlage. Immer wieder ergießt sich ein wütender Wortschwall über sie. Manchmal will sie einfach nur noch fort. Dann nimmt sie Veronal, um ruhiger zu werden, um schlafen zu können.

Wie aber passt das zusammen, wenn Carl Sternheim seiner Frau in einem Brief im Augenblick seiner Abreise bekennt, *daß ich Dich ungeheuerlich lieb habe, mit Dir unbeschreiblich glücklich bin und nichts hoffe, als schnell zurück bei Dir zu sein.* Meint er es wirklich so, wie er es ausspricht? Kann

Carl Sternheim mit Tochter Dorothea
Fotografie von Thea Sternheim, Königstein 1915

Carl Sternheim mit Sohn Klaus
Fotografie von Thea Sternheim, Königstein 1915

er einfach nicht anders, als die Frau neben sich zu quälen, um sich selber untragbar schwere Lasten von den Schultern zu schütteln? Vielleicht reflektiert er sein Verhalten ihr gegenüber nicht als so belastend, wie sie es empfindet. Dieser Widerspruch wird sich niemals auflösen.

Sternheims Selbsteinschätzung als einer der größten lebenden Schriftsteller entbehrt oft nicht des Größenwahns. Der Verleger Kurt Wolff wird sich einmal an ein Gespräch mit ihm erinnern, in dem es um die geringen Absatzzahlen der Buchausgaben seiner Stücke ging, er wollte seinen Verleger darüber trösten. Sternheim zu Wolff: „Seien Sie nicht traurig, lieber Freund. Natürlich möchten auch Sie reich werden. Geduld, Geduld. Machen Sie sich doch die literarhistorisch gegebene Situation klar: die Deutschen haben in 200 Jahren zwei Lustspiele gehabt: die ‚Minna‘ und den ‚Krug‘. Und jetzt kommt plötzlich ein Dichter und schenkt diesem Volk in einem einzigen Jahrzehnt ein Dutzend Komödien, von denen jede einzelne es mit Lessing und Kleist aufnehmen kann. Ja, das muß die Nation erst einmal verdauen. Geben Sie ihr Zeit. Sie werden den Tag erleben, an dem mein Werk den Spielplan aller europäischen Bühnen beherrscht." Das allerdings muss der Gesprächspartner auch erst einmal verdauen.

In *Vorkriegseuropa* schreibt Sternheim, sich auf Voltaire und dessen Einschätzung der geringen Zahl seiner Zeitgenossen um 1750 beziehend, *die richtig zu denken, bewußt einem Ziel zu leben fähig waren*, im Europa um 1910 veranschlage er deren Zahl auf *etwa zwei Dutzend* – zu denen er sich natürlich selbst zählt.

Was Carl Sternheim als Theaterautor groß macht, ist die Präzision seiner Figurenzeichnung und der ätzende Witz, mit dem er gerade jenen Typus des bourgeoisen Möchtegerns, des bürgerlichen Aufsteigers trifft: Mehr scheinen als sein ist deren Devise. *Mich reizt am Anderen*, so charakterisiert sich Sternheim einmal selbst, *immer nur das Fremde ...* Doch im Grunde ist das Gegenteil der Fall. Er selber ist es, den er immer wieder darstellt – in seinem Stolz und seinem Drang nach Höherem, nach äußerer Anerkennung: Er selber war der Snob. Dass er seine Anzüge in London, die Hemden in Paris, die Schuhe in Berlin anfertigen lasse, ist ihm im Freundeskreis des Mitteilens wert. Selbst an seine Militärzeit beim Sechsten Kürassier-Regiment „Kaiser von Russland", erinnert sich Sternheim später genüsslich. Keine Rede davon, dass er ja wegen mangelnder körperlicher Eignung bald schon wieder ausscheiden musste, sondern davon, wie stolz er die Uniform getragen hat: Kürass, Lohengrinhelm, schwerer Säbel, als Waffenrock den weißen Koller mit blauen Litzen an den Ärmeln und am Kragen. „Todernst", meint Kurt Wolff, erzählte er davon, „er, der Vernichter der bürgerlichen Helden. – Es war eine Freude."

Ist Sternheim allein in Berlin, fehlt seine Frau ihm sehr. Der Zustand der Stadt im Jahr 1916, die Schwierigkeiten der Versorgungslage selbst in den guten Hotels machen ihn beinahe hilflos. Am Abend schreibt er ihr sehnsuchtsvolle Briefe, dass er *diesem ganzen Elend* so bald wie möglich wieder entrinnen und zu ihr nach Belgien zurückkehren müsse. Er beschreibt sich in solchen vertraulichen Zeilen selber, im fremden Zimmer vor dem Spiegel sitzend, *Tränen der Wut und des Ekels im Auge*, und nimmt sein Bild wahr: *die Runzeln um Mund und Auge und eine Menge weißes Haar*. Die Kriegswirren zehren auch sehr an ihm. Ahnungsvoll schließt er den Brief am 26. März 1916 mit den Worten: *Aber werden wir in Belgien denn in Ruhe leben können?*

Neue Freunde:
Gottfried Benn und Frans Masereel

Der Weltkrieg geht in sein viertes Jahr. Immer mehr Freunde und Bekannte fallen an den Fronten, die Lage wird immer aussichtsloser, die Lebensmittelknappheit immer drastischer. Längst sind die Kriegsbegeisterung und der nationalistische Schwung des Anfangs vergangen. In Belgien ist es dabei immerhin noch etwas besser. Thea Sternheim fühlt sich aufgewühlt, unruhig, voller Ängste um ihre Familie. Wenn sie nachts schlaflos liegt, ist die Lektüre Tolstois eine Labsal und tröstet ein wenig: „Erinnere dich, wenn du leidest, dass dein Leiden kein Übel ist, von dem du dich zu befreien wünschen musst, sondern dass das Leiden die eigentliche Aufgabe des Lebens ist. Sich dieser entziehen, hiesse den Pflug dort aufheben, wo der Boden hart ist, das heisst, gerade da, wo er gelockert werden soll", liest sie in dessen Schrift *Kurze Darlegung des Evangeliums*. Die Literatur, die Kunst überhaupt sind ihre Zuflucht, stärker denn je.

Da lernen sie, im Februar 1917, Gottfried Benn kennen, Offizier, Arzt und Dichter. Carl Sternheim trifft ihn zunächst in Brüssel, wo Benn als Militärarzt stationiert ist, und bringt ihn Anfang Februar ins Haus nach La Hulpe. Im Tagebuch hält Thea ihre ersten Eindrücke fest. Sie beschreibt ihn als blond, schlank, typisch preußisch, mit zackigen Verbeugungen. Es ist durchaus nicht gleich von Begeisterung die Rede. Die kühle Distanz, die Benn den meisten Dingen gegenüber an den Tag legt, irritiert sie anfangs. Aber die Unterhaltung wird bald intensiv, die Literatur ist ihr gemeinsames Interessenfeld. Benn schätzt *einiges von Werfel, einiges von Mann, Sternheim. Vorliebe für Hölderlin*. So erwächst aus dieser ersten Begegnung mitten im Krieg eine lebenslange Freundschaft, eine dauerhafte Bindung, die vielfältige Klippen übersteht. Zwischen Benn und Thea Sternheim gibt es keine erotische Beziehung, doch vielleicht gerade deshalb eine sehr haltbare. Er wird später auch Carl Sternheim ärztlich betreuen und den Freunden so lange zur Seite stehen wie nur möglich. Gottfried Benn, Sohn aus protestantischem Pfarrhaus, ist streng sich selbst und anderen gegenüber – als Dichter aber, das spüren die Sternheims schnell, ist er etwas ganz Besonderes. Thea ist beeindruckt: *Wie kommt sein Wortschatz so ins Blühen?* Sie wird seine Lyrik auch dann wertschätzen, wenn er, für sie etwas Ungeheuerliches, ab 1933 den Nationalsozialisten zustimmt. Das kühl Protestantische bei Gottfried Benn und das leidenschaftlich Katholische bei Thea Sternheim bilden Gegensatzpaare – und diese Gegensätze ziehen einander an.

Carl Sternheim ist auch während der Kriegszeit weiter schriftstellerisch produktiv, 1917 und 1918 entstehen mehrere Dramen und Erzählungen, so das Stück *Die Marquise von Arcis* (nach Diderot), das später viel gespielt wird und ihm immerhin in den schwierigen Jahren seiner Krankheit noch Geld einbringt. Im April 1917 wird bei Max Reinhardt am Deutschen Theater in Berlin sein Stück *Der Geizige nach Molière* uraufgeführt. Seit langem ist Molière für den Dramatiker Sternheim eine der wichtigsten literarischen Größen. Bei ihm hat er viel gelernt an Theaterpraxis.

Mit dem Ende des Krieges und der Niederlage Deutschlands wird für die Familie die Existenz in Belgien immer schwieriger. Hass und Ablehnung gegen die Deutschen treffen nun auch die Sternheims. *A bas les Allemands*, nieder mit den Deutschen, hören sie rufen. Auf Dauer können sie nicht bleiben und verlieren so noch einmal ihre Wahlheimat in Flandern. Zunächst zieht Carl Sternheim im Oktober 1918 mit den Kindern ins neutrale

Holland. Thea bemüht sich, aus „Clairecolline" zu retten, was möglich ist. Sie fühlt sich verantwortlich für das, was der Familie gehört. Zum zweiten Mal müssen sie nun ein Haus aufgeben, das sie sich selber bauen ließen und das ein endgültiges Zuhause für sie alle sein sollte.

Carl schreibt ihr am 1. November, ihr Mitgefühl erbittend: *Mein armer Vater ist vor drei Tagen gestorben. Die Überzeugung, dass der Tod für ihn nicht nur Erlösung aus kläglichen Verhältnissen, sondern auch aus totaler Leere war, die nach seinem Vermögenszusammenbruch um ihn eintrat, hat mich getröstet.* Nun kann er nicht einmal nach Berlin reisen, um ihm die letzte Ehre zu erweisen. Obwohl der alte Sternheim ihr viele zusätzliche Sorgen und Lasten auferlegt hat, trauert Thea mit Carl, *muss spontan weinen.* Hätte sie den Vater ihres Mannes noch mehr unterstützen müssen, fragt sie sich.

Ihren fünfunddreißigsten Geburtstag am 25. November muss Thea schon allein begehen – um sie im großen, leeren Haus „Clairecolline" nur noch das Personal und einige Bekannte. Ein Teil des Sternheimschen Vermögens wird von den belgischen Behörden beschlagnahmt. Seit sie allein ist, wird ihr noch stärker bewusst, wie sehr sie ihre Familie braucht, wie sehr sie eine Gemeinschaft bilden. Im Tagebuch steht am 4. Dezember 1918, nach dem Geburtstag ihrer ältesten Tochter Agnes, der erschütternde Satz: *Und die Meinen! Gedanke an sie schmerzt im Fleische.* In diesen einsamen Wochen trösten sie ihre Dichter, immer wieder auch Flaubert. In sehnsüchtigen Briefen schreibt sie an Carl und die Kinder, sie habe so sehr gehofft, Weihnachten mit ihnen verbringen zu können, aber so schnell lassen sich die Probleme mit dem Verkauf des Hauses nicht regeln. Zwar hat sie Hilfe, der belgische Kriegsminister unterstützt ihr Gesuch. Auch Henry van de Velde, der berühmte Architekt und Jugendstildesigner, steht ihr freundschaftlich zur Seite. Doch die Bürokratie der Behörden zögert alles hinaus. Sie versichert den Ihren, wenn auch die Umstände sie noch einige Zeit trennen werden, *bin ich nie in meinem Leben restloser mit Euch zusammen gewesen als in diesen Wochen.* In einigen Monaten wird es unter anderem Henry van de Velde sein, der die Sternheims in ihrer Entscheidung bestärkt, an den Bodensee zu ziehen.

Die kommenden Jahre sind eine Abfolge von ständigen Wohnwechseln. Thea Sternheim wünscht sich für die Zukunft einen weniger aufwändigen Lebensstil, *ein kleines beschauliches ländliches Haus*, in dem sie, so hofft sie, in mehr Einvernehmen miteinander auskommen könnten. Auch Carl Sternheim ist durch die vorübergehende Trennung von seiner Frau außer sich. Über persönliche Boten, da die offizielle Post nicht zuverlässig funktioniert, erhält sie seinen Brief von Ende Dezember, worin er ihr gesteht: *Die Sehnsucht nach Dir ist zum körperlichen Schmerz geworden, als fehlte mir ein Arm oder Bein.* Noch hat Carl die letzte Hoffnung nicht aufgegeben, eines Tages wieder ins Haus „Clairecolline" zurückkehren zu können. Er bittet seine Frau, alles zu versuchen, um diese Möglichkeit in irgendeiner Weise zu erhalten: *Es müßte gesetzlich alles vorbereitet werden, daß uns jederzeit wieder das Recht zusteht.* Denn er brauche, wie er schreibt, unbedingt einen weiten Horizont und viel Raum um sich. Dafür will er auch alles tun und *unablässig arbeiten*, um das nötige Geld zu verdienen. Doch an eine spätere Rückkehr ist nicht zu denken, die Belgier wollen nur eins: die Deutschen loswerden. Und an Geld aus Deutschland ist vorläufig auch nicht zu gelangen.

Erst am 15. Januar 1919 kann Thea nach Holland ausreisen. Der Abschied von Belgien, in dem sie sich einmal so wohlgefühlt hat, ist sehr ambivalent. An der Grenze wird sie mit Ach und Krach durchgelassen, nur weil sie glücklicherweise das Papier des Justizministers vorweisen kann ebenso wie das des Bürgermeisters von La Hulpe. Im

Zug beschimpft ein belgischer Militärarzt sie rüde, als er in ihr eine Deutsche erkennt. Dennoch, das weiß sie, wird Flandern ihr fehlen, insbesondere wegen seiner großartigen gotischen Kunst. In Scheveningen trifft sie schließlich mit den Ihren zusammen. Das Wiedersehen ist wie eine Erlösung. Carl und Klaus holen sie am Bahnhof ab. Immer wieder umarmt sie ihren Mann und ihre Kinder, kann es kaum fassen, wirklich davongekommen zu sein.

Eine der traurigsten Konsequenzen ihrer Lage als Flüchtlinge nach der deutschen Kapitulation: Notgedrungen verkaufen sie in Amsterdam in einer Auktion einige wertvolle Gemälde aus der gemeinsamen Bildersammlung, darunter ein Selbstbildnis Vincent van Goghs. Nur so lässt sich der Lebensunterhalt ihrer Familie künftig bestreiten. Wenigstens war es Thea gelungen, die Bilder aus Belgien herauszubekommen. So schmilzt das beträchtliche Vermögen, das Thea als ihr väterliches Erbe in die Ehe eingebracht hatte, allmählich dahin. Auch das eine Folge des Krieges.

Doch kurz nach ihrer Ankunft stellt sich heraus, dass die holländischen Behörden Thea Sternheim die Aufenthaltsgenehmigung verweigern. Die Situation wird erneut zu einer starken nervlichen Belastung für Carl Sternheim. Es erregt ihn maßlos. Thea schreibt im Tagebuch gar von einer *Zwangsvorstellung*. Bald wird klar, in Holland können und wollen sie dauerhaft nicht bleiben. Am 9. Februar 1919 erfährt sie, dass – aus vorgeschobenen Gründen – ihre Ausweisung aus Holland bevorsteht. Diesmal kann niemand helfen. Zu allem anderen werden Thea und die Kinder auch noch von der gefürchteten Grippe gepackt, die in diesen Monaten im kriegsgebeutelten Europa grassiert. Tagelang hohes Fieber und Schwäche. Und die Nachrichten, die sie aus Berlin erreichen, sind außerordentlich besorgniserregend: Ermordung von Karl Liebknecht und Rosa Luxemburg – Thea notiert im Tagebuch die Namen der Mörder und ihr Entsetzen: *Wie tief denn will Deutschland noch sinken?* –, Niederschlagung des Spartakusaufstands, in den auch Bekannte von ihnen verwickelt sind, die Verhaftung von Franz Pfemfert. Nein, dorthin werden sie keinesfalls zurückkehren. Dringlich ist es jetzt, einen sicheren Aufenthaltsort zu finden, an dem Carl Sternheim arbeiten kann. So reist die Familie schließlich am 24. März aus Holland ab, über Arnheim, Frankfurt und Karlsruhe in die Schweiz. Erste Stationen sind Basel, Bern, dann kommen sie in Thun an. Das Bild der schweizerischen Städte, unzerstört von Granatenbeschuss, ist eine Wohltat nach all den Kriegserlebnissen. Hier, so wissen sie, können sie erst einmal bleiben. Der anbrechende Frühling tut ein Übriges. Sternheims Nerven beruhigen sich allmählich und Thea sammelt wieder Kräfte. Im April treffen sie hier Annette Kolb und René Schickele wieder, finden Anschluss an gute Freunde. Henry van de Velde, der 1917 aus Weimar so vertrieben wurde wie sie aus Belgien, ist nun auch in der Schweiz. Die Kinder werden fröhlich, können unbeschwert spielen, *Moiby schreit vor Freude*, wenn der Vater mit ihnen tobt.

Schickele rät ihnen, an den Bodensee zu ziehen, da lasse es sich gut leben. Und vielleicht, so träumt er, machen sie gemeinsam einen französisch-deutschen Verlag auf, mit dem sie sich über die politische Zerrissenheit ihrer Länder hinwegsetzen könnten. Das jedoch bleibt eine schöne Illusion. Doch die Sternheims bekommen allmählich wieder Boden unter den Füßen, können aufatmen – und das entspannt auch das eheliche Verhältnis. Die Kriegsnot hat sie zusammengeschweißt. Die Tochter Moiby ist zu einem temperamentvollen jungen Mädchen herangewachsen. Und schon, so notiert die Mutter im Tagebuch, sind die Männer hinter ihr her.

Ende Juni 1919 wird der Versailler Vertrag unterzeichnet, Deutschland ist ein geschlagenes Land. Das befestigt ihren Entschluss, in der Schweiz zu bleiben. *Ich habe*, schreibt Sternheim in der Artikelserie über sein Vaterland, *Deutschland während der Revolution auf die Möglichkeit einer Rückkehr dahin angesehen – lieber in Grönland begraben als dorthin.*

Um eine dauerhafte Aufenthaltsgenehmigung in der Schweiz zu erhalten, ist es ratsam, ein eigenes Anwesen zu erwerben. Zwar sind ihre finanziellen Mittel arg zusammengeschmolzen, doch beginnen sie, sich nach einem Haus umzusehen, um sich hier niederzulassen. Carl fährt erstmals nach Uttwil am Bodensee, um ein mögliches Domizil zu besichtigen. Der Gedanke, dort zu wohnen, wärmt Thea das Herz. Mit dem Bodensee verbinden sich ihre schönsten Ferienerinnerungen in Kindheit und Jugend. Doch schon ist Carl wieder in eine außereheliche Beziehung verstrickt und reist kurzerhand nach St. Moritz ab. Später lässt er die Familie nachkommen. Gemeinsam verbringen sie den Sommer hier im mondänen Kurort im Kanton Graubünden. Billig ist es nicht. Ausgerechnet im „Palasthotel" von St. Moritz hat Carl Sternheim die Seinen eingemietet. Doch glücklicherweise werden jetzt, nach dem Ende des Krieges, wieder Stücke von ihm in Deutschland gespielt. Bereits im Januar hat *Tabula rasa* im Kleinen Theater in Berlin seine Uraufführung erlebt, und im September geht die Uraufführung seiner *Marquise von Arcis* im Schauspielhaus Frankfurt am Main erfolgreich über die Bühne – für den Dramatiker eine entscheidende Genugtuung. Selbst sein Stück *1913* wird in Berlin gespielt. So ist er doch nicht vergessen auf den deutschen Bühnen und kann das dringend benötigte Geld verdienen.

Nun endlich findet Thea Sternheim wieder Ruhe, um ans Schreiben denken zu können. Wiederholt ist jetzt im Tagebuch vom *zweiten Teil Anna* die Rede. Sie will die Geschichte jenes Mädchens in ihren Frauenjahren weitererzählen. In seiner Handlung, so notiert sie in St. Moritz am 23. November 1919, trage sie *das ganze Büchlein* fertig in sich. Noch also glaubt sie, vielleicht einen schmalen Band fertigstellen zu können. Ahnt noch nicht, dass sich der Stoff einmal zu einem dicken Roman auswachsen wird. Das wird jedoch erst Jahrzehnte später der Fall sein. Aber die *Hochflut der Folgerungen*, der Gedanken an *Anna* lässt sie so manche Nacht schlaflos liegen. Der Zweifel nistet in ihr, ob sie die Geduld, die Ausdauer und vor allem die künstlerischen Ausdrucksmöglichkeiten haben wird, zu vollenden, *was mir so am Herzen liegt*. Immer wieder in den folgenden Monaten kann man die Intensität, aber auch das Schwanken ihrer schriftstellerischen Versuche im Tagebuch ablesen: *An ‚Anna‘ gearbeitet. Wird's, wird's nicht? Ach würd es!* Aber auch einige Essays entstehen in diesen Monaten, so etwa *Brüssel. Eine Impression* für die Zeitschrift *Aktion*. Carl Sternheim schreibt in dieser Zeit an seinem Roman *Europa*. Wenn beide arbeiten können, ist am meisten Ausgeglichenheit in ihrer Beziehung.

Im Februar 1920 ziehen die Sternheims nach Uttwil am Bodensee. Sie haben ein Haus gefunden, das ihnen zusagt. Hier wohnen Schickele und van de Velde mit Frau und fünf Kindern, eine gute Gesellschaft. Uttwil ist ein kleines Fischerdorf mit wenigen Einwohnern, das Ruhe garantiert, also genau das, was sie suchen. Und zudem ist das Haus etwas bescheidener als „Clairecolline" in La Hulpe, aber bequem genug, um die ganze Familie gut unterzubringen. Der Ausblick auf den Bodensee bietet ihnen den weiten Horizont, den beide so lieben. Ein Hauch von Frühling bereits Ende Februar, dazu der freundschaftliche Umgang mit Nele, der Tochter Henry van de Veldes – all das kann die Gereiztheit zwischen den Ehepartnern zeitweilig übertönen. Doch Thea beobachtet entsetzt, mit welcher Eifersucht Carl seine Tochter Moiby überwacht, in ihrer Abwesenheit ihr Zimmer durchsucht, die harmlosen Annäherungsversuche junger Leute an sie argwöhnisch abwehrt. Da bahnt sich etwas an, was zu einem weiteren Streitpunkt in der Familie werden wird.

Manchmal ist sich Thea durchaus bewusst, dass ihr Aufgebrachtsein gegenüber Carl die familiäre Atmosphäre belastet. Auch sie kann dann ungerecht und bissig sein. So notiert sie ganz offen am 29. Februar 1920 im Tagebuch ihre Antwort auf Carls Frage: *Warum bist du so? – Weil du mich in Abgründe treibst.* Nicht immer lassen sich diese Ausbrüche ungeschehen machen. Der Riss ist da.

Die Desillusionierung kennt Thea Sternheim seit langem. Sie erfährt sie immer wieder in dieser Ehe. Als Dichter aber schätzt sie Carl Sternheim so hoch wie wenige andere. Und sie hört nicht auf zu hoffen, dass er doch der Richtige sei. Ein Stück ihrer eigenen Freiheit ist sie bereit aufzugeben – für seine Freiheit, für ihre Gemeinsamkeit, ihre Liebe. Aber doch nicht bedingungslos und um jeden Preis.

In diesem Frühling erlebt Thea aber auch eine große Freude: Theas Novelle *Anna* ist ins Ungarische übersetzt worden und erscheint im Verlag Moravetz in Temesvár. Die Übersetzer, so stellt sie befriedigt fest, haben sich also nicht davon abhalten lassen, dass nicht Carl Sternheim, sondern sie der Autor ist.

Endlich kommt auch der Verkauf des Hauses „Clairecolline" für 400 000 belgische Franken zustande. Zwar ist das, rein rechnerisch, ein Verlust gegenüber den Bau- und Ausstattungskosten, die sie einst hatten. Carl ist arg enttäuscht. Aber Thea, wie stets vom praktischen kaufmännischen Denken geleitet, stimmt dem Vertrag zu. Schließlich ist man froh, so aus der Sache herauszukommen, da sie doch sicherlich nie wieder nach Belgien zurückkönnen.

Mit herzlichen Worten einer Widmung schickt Gottfried Benn sein neues Buch *Das moderne Ich*. Wenn auch die Zeitumstände es mit sich bringen, dass man sich seit Längerem nicht mehr gesehen hat, so werden sich Thea

Sternheim und Gottfried Benn doch nicht wieder aus den Augen verlieren. Und Franz Werfels Gedichte rühren Thea ebenfalls ganz stark an, etwa sein *Gebet um Reinheit*. Als Carl den tiefen Eindruck bemerkt, den diese Art Literatur auf seine Frau macht, spottet er verletzend darüber, bedauert ironisch ihre angeblich abnehmende Urteilskraft: *was denn nicht Schema ‚Rührkiste' sei, das merke er seit langem, liesse mich kalt. Harte Worte unter Lächeln gesagt, die ich pariere.* Das wiederum kränkt Carl, und so verletzen sie sich, oft unbeabsichtigt, immer wieder auf eine schwer erträgliche Weise gegenseitig. Kaum ist etwas Ruhe eingezogen in ihr Zusammenleben, fühlt sich Sternheim wieder durch etwas von außen Kommendes zutiefst gestört. Alles, was nicht ihm und seiner Arbeit dient, wertet er als gegen sich gerichtet. *Ist unser Familienleben*, fragt sich Thea, *nicht ein Veitstanz um Carls Ichwahn geworden?*

Im Mai 1920 erleidet Carl Sternheim einen Nervenzusammenbruch. Die unruhige, aufgewühlte politische Situation, die ungesicherten finanziellen Verhältnisse der Familie, all das ist zuviel für seine schwache Konstitution. Er muss in den kommenden Monaten immer wieder Nervenärzte konsultieren. So begibt er sich in die Behandlung des Psychiaters und Neurologen Professor Constantin von Monakow im Universitätsspital Zürich. Der lässt sich von Sternheim detailliert die Geschichte seines Lebens erzählen und zieht daraus seine Schlüsse. Erstmals ist nun von einer Syphilis die Rede, die Carl Sternheim möglicherweise gehabt hat. Genau kann das der Nervenarzt nicht feststellen, rät ihm jedoch, in erster Linie sein aufgeputschtes Gemüt in den Griff zu bekommen und viel ruhiger zu leben. Gelänge ihm das, könne er gesund werden.

Davon jedoch kann auch künftig keine Rede sein. Kaum geht es Carl ein wenig besser, ist die Lust zum Abenteuer wieder da, und das bedeutet, die Lust auf schöne junge Frauen. Aus vielen Anhaltspunkten, zum Teil aber auch aus ankommenden Telegrammen und Expressbriefen kann sich Thea alles zusammenreimen. Sternheims Erregungszustände sind nicht zu übersehen. Offenbar braucht er jedes Mal eine Affäre, um seine Hypersensibilität abzureagieren. Während Sternheim am 12. September einer seiner Geliebten nach München nachreist, fragt sie sich, wie lange sie das noch ertragen kann. *Ach ich bin müde, müde, müde! Soll ich noch zehn, fünfzehn, zwanzig Jahre damit verbringen, mich den Wünschen dieses Mannes anzupassen, den Eitelkeit zu Grunde richtet?* Sie ist fassungslos: Alles scheint immer so weiter zu laufen, nach dem alten Muster. Illusionslos macht sie sich klar, dass sie selber allmählich eine Frau mit einem alternden Körper wird, den ihr Mann nicht mehr anziehend genug findet. *Ich fühle nur: Ich will nicht, ich kann nicht mehr!* Auf einem Spaziergang mit Moiby das Seeufer entlang nach Romanshorn, auf dem Mutter und fast erwachsene Tochter über Carl sprechen, gesteht das Mädchen, dass sie den Vater nicht liebe und es ihr recht wäre, wenn er fort bliebe. Da erschrickt sie nun doch. Es wäre das Ende des Familienlebens. Jetzt steht alles auf des Messers Schneide.

In diesem Moment macht Thea Sternheim zum ersten Mal wirklich Ernst: Sie unternimmt einen Selbstmordversuch mit Tabletten. Als Carl nach Tagen nicht zurückkommt, nicht anruft, nicht nach ihr fragt, schluckt sie zu viel Veronal. Es ist ein Hilferuf, ein äußerstes Signal an ihren Mann, das er hören muss. Und er kommt auch tatsächlich gerade noch rechtzeitig, um das Schlimmste zu verhindern. Vier Tage ist Thea ohne Wahrnehmung, aber sie wird gerettet. Was genau vor sich gegangen ist, erfährt man nicht. Theas Tagebuch schweigt in dieser Zeit, mehr als zwei Wochen gibt es keinen Eintrag. Dann fährt sie zusammen mit ihrer Tochter zur Erholung nach Montreux am Genfer See. In dem milden Klima dort soll sie sich stär ken, das Dunkle von ihrer Seele abstreifen. Offensichtlich ist Carl Sternheim doch im Innersten erschrocken über diesen Schritt seiner Frau. Vielleicht ahnt auch er zum ersten Mal, dass es ein Ende zwischen ihnen geben könnte.

Ein Brief Sternheims vom 25. September 1920 bezeugt, dass er sich dieser Gratwanderung ihrer Beziehung durchaus bewusst ist: *Liebes, geliebtes Stoysilein, nun bist Du fort und damit der letzte Schatten durch Deine Krankheit trüber Tage. – Sieh aus der Entfernung, daß nach so vielen Jahren besonderen Lebens zwischen uns, so vielen Hemmungen und Überwindungen auch in den schlimmsten Minuten uns nicht zweifelhaft sein darf, daß wir nicht nur von Natur schon zu einander gehörten, ehe wir uns trafen, sondern daß wir einander tausendmal wieder erobert haben, als wir uns verloren hatten. – Was sich von Zeit zu Zeit zwischen uns stellt, kann nichts als jenes Kranksein in Dir sein, das wir jetzt beseitigen müssen. Du mußt nicht glauben, daß je größer der Komplex meines Lebens wird, Dein Wert umso geringer, sondern daß er immer größer wird, mußt Du wissen, und daß Du immer weniger ein Recht hast, Dich mir eher zu entziehen, als die Natur es vorschreibt. [...] Sondern daß Du Dich mir erhältst, solange es irgendwie der Schöpfer erlaubt, gütig, verstehend und mehr von mir wissend als alle Welt.* Sich ihm entziehen also dürfe sie nicht. Das ist in seinem Eheverständnis nicht vorgesehen. Im Grunde geht es wie immer nur um ihn; wie sie sich als Frau fühlt, als eine Ehefrau, die die ständigen Eskapaden des Mannes hinzunehmen hat, danach fragt er mit keiner Silbe. Das Recht des Mannes wird nicht in Frage gestellt. Die erotische, sexuelle Seite ihres Zusammenlebens ist offenbar in der letzten Zeit stärker in den Hintergrund getreten. Gerade diese Anziehungskraft aber war einmal ein Garant ihrer Liebe. Aus dem Brief lässt sich jedoch herauslesen, dass Carl nicht eigene Schuld eingesteht, sondern *jenes Kranksein in Dir* als eine krankhafte Eifersucht der Frau sieht, die ihn einzuschränken versuche und die sie überwinden müsse. Und schließlich solle sie doch stets bedenken: *Du hättest es viel schlechter treffen können als mit mir.*

Trotz aller gegenteiliger Erfahrungen hofft Thea immer wieder auf das Wunder, dass ihre Liebe stärker sei alles, was sie auseinanderzubringen droht. Als er sie anruft, um nach ihrem Befinden zu fragen, gesteht das Tagebuch am 8. Oktober: *Seine Stimme ruhig und zärtlich zu hören ist mir ein unendliches Glück.* Carl versucht auch einzulenken, schreibt ihr nach Montreux: *Bring Wärme mit aus dem Land dort und vergiß nicht, daß wir, die wir viel vor den Menschen voraushaben, auch die größeren Anstrengungen machen müssen, uns so zu ertragen, wie wir sind, mit unseren Krankheiten und all den Ausständen, die Du besonders an mir behauptest.* Das klingt durchaus nach einer realistischen Einschätzung ihrer persönlichen Situation, ihrer Probleme miteinander. Er bittet sie inständig um Verständnis für all seine *fieberhafte Arbeit, die mich oft fort von aller Welt, von Dir und von mir selber reißt.* Ein Konflikt in vielen Lebensgemeinschaften von produktiven Künstlern, die ihr Werk nur einer übergroßen Anstrengung und Anspannung aller Kräfte abzutrotzen vermögen.

Ende des Jahres 1920 ein Lichtblick: die Begegnung mit dem Werk des belgischen Holzschneiders und Malers Frans Masereel. Thea Sternheim bekommt das 1919 in Genf erschienene *Stundenbuch* Masereels in die Hand – und fühlt sich mit einem Schlag berührt. Es beglückt sie im wahrsten Sinne. Sie empfindet das *Stundenbuch* als *das künstlerische und menschliche Ereignis dieser letzten Jahre.* Masereel hat das Werk *Mon Livre d'Heure* nach großen Vorbildern geschaffen, die den Künstler selber überwältigt haben: die Schönheit mittelalterlicher Stundenbücher, die einst gebildete Adlige sich von den größten Buchkünstlern ihrer Zeit hatten schreiben und illustrieren lassen. Für Masereel steht die Einsamkeit und Verlorenheit des

Menschen in der modernen Zivilisation im Mittelpunkt. Er sieht den Menschen auf sich selbst zurückgeworfen und will dem, jetzt nach dem verheerenden Weltkrieg, eine humanistische Botschaft entgegensetzen. Thea ist tief ergriffen. Die Botschaft erreicht sie in einem Moment, da sie sie besonders nötig hat. Sie beschließt spontan, dem Künstler zu schreiben und ihm zu danken. Bald entwickelt sich daraus eine wechselseitige Korrespondenz, die zu einer Lebensfreundschaft wachsen wird. Das unbedingte Bekenntnis zum Pazifismus ist beiden eigen. Jahrzehntelang, auch durch die Zeit der Emigration in Frankreich, wird diese Verbindung anhalten und beide stärken. Persönlich lernen sie sich erst im März 1921 kennen. Sternheims besuchen in Lausanne eine Ausstellung mit Gemälden Masereels, der seit 1916 in Genf lebt. Während Carl zunächst nicht spontan angesprochen ist von den Werken, gefallen Thea die Bilder sofort. Vor allem nach dem ersten Gespräch bei einem gemeinsamen Abendessen ist sie gewiss, einen Freund gefunden zu haben. Auch seine Frau Pauline wird in die Freundschaft eingeschlossen. Im Tagebuch spricht sie von *Wahlverwandtschaft*. In seinen Bildern erkennt sie eine *immer intensivere Rebellion, umfangendere Brüderlichkeit*. Masereels Kunst wird künftig eine Bedeutung für sie gewinnen ähnlich der Tolstois. Jedes Mal, wenn eins seiner Bücher ankommt, ist es für sie ein Glückstag. Um ihre Überzeugung auch anderen mitzuteilen, sie an Masereels Bedeutung teilhaben zu lassen, schreibt sie im Herbst 1921 einen Artikel über seine Arbeiten für die Zeitschrift *Der Querschnitt* des Galeristen und Kunsthändlers Alfred Flechtheim. Auch in Franz Pfemferts *Aktion* würdigt sie 1922 in einem Aufsatz das Werk des bewunderten Künstlers und sein Engagement für den Frieden. Vor allem hebt sie *Die Passion eines Menschen*, *Die Sonne* oder *Erinnerungen an mein Land* als Höhepunkte seiner Arbeit der letzten Jahre

hervor. Frans Masereel wird bald darauf auch Illustra-
tionen zu den Erzählungen Carl Sternheims beisteuern.

Die Ehe ist im Atmosphärischen sehr abhängig von Carl
Sternheims Erfolgen oder Misserfolgen auf den Theatern
in Deutschland. Im Februar 1921 wird sein Stück *Der ent-
fesselte Zeitgenosse* am Hessischen Landestheater Darmstadt
uraufgeführt. Gustav Hartung ist seit einiger Zeit sein
wichtigster Regisseur, der sich für sein Werk einsetzt, wie
auch schon bei der Uraufführung von *1913* am Schauspielhaus Frankfurt. Wenn dort alles gut geht, ist auch die
Beziehung zwischen Carl und Thea herzlicher, entspann-
ter. Doch schnell kann auch wieder von Carls *abgründigem
Missmut* die Rede sein. Fühlt er sich unverstanden oder zu
wenig unterstützt, hat seine Familie nichts zu lachen. Dann
beeinträchtigt er die Stimmung im gesamten Haus, sodass
auch die Kinder unter seiner Anwesenheit leiden. Er ist
erst Anfang vierzig, benimmt sich jedoch oft wie ein alter
Mann, der von den Seinen Schonung einfordert. Dann
legt er sich abends um zwanzig Uhr ins Bett, und es muss
absolute Ruhe herrschen, jedes Gespräch unterbleiben –
oder es klopft von oben: Die Diktatur des Neurasthenikers. Die
Tochter Moiby fasst deshalb den Entschluss, ihr Abitur so
schnell wie möglich abzulegen, um dann ein Studium aufnehmen und das Elternhaus verlassen zu können.

Hält sich Sternheim für kurze Zeit in Deutschland
auf, um bei den Probenarbeiten dabei zu sein, fühlt er
sich fremd, unbehaglich, von der politischen Stimmung
im Lande alarmiert. So heißt es in einem Brief aus München Ende 1920 an Thea, *aber der Pesthauch dieser Stadt und
Deutschlands drang doch sofort so aufdringlich zu uns, daß es schon
am ersten Tag Augenblicke gab, wo uns Uttwil ein Paradies schien.*
Die Schweiz ist sein sicheres Hinterland. Liebevoll rät er
seiner Frau: *Pflege Dich, stähle Dich, ich glaube, wir haben noch
einen weiten Weg zu machen.*

Im Herbst 1921 sind sie wieder einmal alle gemeinsam in Berlin, wohnen, wie in alten Zeiten, im Hotel „Adlon". Anlass ist die Uraufführung von Sternheims dramatischer Bearbeitung des französischen Romans *Manon Lescaut* im Theater in der Königgrätzer Straße. Aber die Lage ist schwierig, überall Symptome der Krise, unter anderem streiken die Berliner Kellner. So wohnen Thea und die beiden Kinder zusammen in einem Zimmer, Carl nebenan in einem eigenen. Masereels, die auch in Berlin sind, bekommen nur durch viel Glück ein Hotelzimmer. Im Theater kann sie Masereel mit Franz Pfemfert bekannt machen, woran ihr viel liegt. Sie fühlt sich von Masereel auch als Mann stark angezogen. Am Abend nach der Premiere, zu dem neben den Masereels auch Heinrich Mann und seine Frau Maria Kanová gekommen sind, notiert Thea im Tagebuch: *Wieder dasselbe geölte, mit Perlen und Brillanten behangene Publikum, das ohne mit der Wimper zu zucken 200 Mark für einen Parkettplatz zahlt. Nun denn, was ist von solchen Hirnen zu erwarten.* Die Kritik der bürgerlichen Blätter giftet gegen Sternheim. Immerhin, er wird gespielt und hat durchaus Erfolg, wenn auch, wie Thea festhält, die neue Inszenierung der *Marquise von Arcis* im Lessing-Theater schrecklich sei, *Schmiere schlechthin.*

Beide, Carl und Thea Sternheim, sehen Deutschland mit außerordentlich kritischen Augen. Die Lage nach dem Kapp-Putsch ist grauenhaft für die Bevölkerung. Die Lebensmittelknappheit wird bedrohlich. Als Thea bei einem Aufenthalt in München zum ersten Mal Hakenkreuze im Stadtbild sieht, das Symbol der nationalsozialistischen Bewegung, ist sie gewarnt. Man sieht das Hakenkreuz an den Revers von Frauen und Männern, an Häusern, in Schaufenstern. In den Juwelierläden kann man es in Silber und Gold kaufen. Da ist sie sich sicher: Hier will sie nicht leben. Diese frühe Wahrnehmung wird sie nie vergessen.

Der November 1921, in dichten Nebel vom Bodensee her eingehüllt, sieht Thea Sternheim wieder an der Schreibmaschine. Die Fortsetzung ihrer Novelle *Anna* hat sie mit Carl besprochen, korrigiert, ihm vorgelesen. Sie betrachtet das Manuskript jetzt als fertig, Carl lobt sie immer wieder: *Bravo, Stoisylein.* Das tut ihr unendlich gut. Noch aber ahnt sie nicht, dass sie keineswegs fertig ist, sondern die Geschichte später immer weitererzählen wird. Das gegenseitige Vorlesen ihrer Texte ist beinahe jedes Mal ein Höhepunkt ihrer Zweisamkeit, der sie einander so nahe bringt wie nichts sonst. Carl liest ihr in jener Zeit *Busekow* und das Ende der Erzählung *Ulrike* vor. Während er liest, überfallen sie die Erinnerungen an die ersten Jahre ihres Zusammenlebens, an ihre glückliche Zeit. Sie war seine Muse, hat ihn bestärkt und gestützt, materiell ebenso wie geistig. Doch auch jetzt wieder packt sie die Intensität seiner Sprache so sehr, *dass es mich künstlerisch entzückt.* Durch Theas Zutrauen animiert, beginnt er plötzlich, von den vielen Frauen zu sprechen, die er gehabt hat, *die ihm aber nie den geringsten Eindruck gemacht* hätten – als wäre das ein normales Gespräch zwischen Eheleuten. Thea ist mehr verwundert über seine – gespielte oder tatsächliche – Naivität bei diesem Thema, als dass es sie noch wirklich kränkte. Zum ersten Mal sieht sie Sternheim und ihre Ehe nun schon mit einem gewissen Abstand. Melancholie hat sich eingeschlichen in ihr Erinnern an den Anfang, der so viel versprochen hatte. Viele Jahre später, wenn sie den Roman *Sackgassen* vollendet, wird sie eine Szene zwischen Anna und ihrem Ehemann Jean Maldeghem niederschreiben, die die Erfahrung dieser Stunde heraufbeschwört.

Zerrissenheit innen und außen

Mehr und mehr wird nun das Leben in der Schweiz für die Sternheims unbezahlbar: Die deutsche Währung wird zunehmend entwertet, man weiß nicht, wie lange man das finanziell durchhalten kann. Schon Ende 1921 versucht Carl Sternheim deshalb, in Baden-Baden ein Haus zu finden. Hier könnte man allenfalls leben, denn, wie Carl an Thea schreibt: *Diese Leute verstehen durch jahrhundertlangen Verkehr Frankreich.* Es ist dicht genug an der französischen Grenze gelegen, um nicht vom deutschen Chauvinismus überschwemmt zu werden. *Aber nicht ein Haus zu haben. Alles verkauft.* Also muss eine andere Lösung gefunden werden. Im Februar 1922 dann ist Sternheim in Dresden, wohnt im Hotel „Bellevue", registriert zunächst nur, wie teuer alles geworden ist. Dennoch kauft er für Thea wunderschöne Antiquitäten, einen Biedermeiersessel, der so gut zu ihren Möbeln passen werde. Die Landschaft in der Gegend um Dresden gefällt ihm, die Menschen dort ebenfalls, die Theater der Stadt haben einen Rang. Er trägt sich nun ernsthaft mit Umzugsplänen. Thea ist traurig, sie würde die Schweiz, den Bodensee nur sehr ungern verlassen. Ist das ständige Umherziehen leid.

In Dresden lernt Sternheim den Maler Conrad Felixmüller kennen. Zwischen beiden Männern entwickelt sich eine enge künstlerische Beziehung. Eine Radierung von Felixmüller zeigt den charakteristischen kantigen Kopf Sternheims, eines der besten Porträts dieser Phase. Gleichzeitig erwirbt er mehrere Aquarelle des Malers. Wieder sind Carls Briefe aus Dresden an Thea nach Uttwil voller Liebe und Zärtlichkeit. Er vermisse sie und fühle sich ohne ihre Gegenwart nicht gut: *Ich denke viel an Dich – wenn das ein alter Ehemann schreibt ist es ein anderes als ein junger Liebhaber aber*

Bildnis Carl Sternheim, Kaltnadelradierung von
Conrad Felixmüller, 1921 © VG Bild-Kunst, Bonn 2013

*auch an die Kinder, die sich bemühen sollen, irgendwie ganze Men-
schen zu werden.* Er bemüht sich, ein Haus zu kaufen, was
zu dieser Zeit sehr schwierig ist und nicht ohne Genehmi-
gung vom Wohnungsamt und viel anderer Bürokratie zu
bewerkstelligen. Doch Anfang März dann aus Dresden die
Ankündigung: *Morgen früh, Samstag um 11 Uhr wirst Du also
Eigentümerin vom Waldhof. Ich beglückwünsche Dich dazu und
hoffe von ganzem Herzen, es geht Dir darin gut an meiner Seite.*
Der „Waldhof", ein Anwesen bei Radebeul, nicht weit
von Dresden, kommt ihren Ansprüchen entgegen, liegt im
Grünen und bietet vor allem die so unentbehrliche Ruhe.
Und die schöne alte Kulturstadt an der Elbe ist jederzeit
erreichbar.

Die Vorbereitungen aber, um mit der Familie im „Waldhof" leben zu können, gehen nicht ohne Hindernisse vor
sich. Ausnahmsweise ist es diesmal Carl, der sich ganz praktisch um die Einrichtung und Möblierung des Hauses kümmert. *Ich kaufe, was zu kaufen ist. Dein Zimmer ist mit schönen
Sachen komplett. Möpschen hat reizende Sachen. Unsere Betten
kosten allein 60,000 M. Möpschens Zimmer 20,000 alte Sachen.
Vertrau meinem guten Geschmack und gefällt Dir etwas nicht, kann
man es in 2 Monaten ums Doppelte verkaufen. Jeden Tag steigen die
Sachen ins Maßlose. Heute erfahre ich, was der Umbau kosten soll.*
Das ist ganz ungewohnt für Sternheim, der sonst stets die
Angelegenheiten der häuslichen Organisation seiner Frau
überlässt. Am 8. März 1922 schreibt er ihr gar: *Laß mich Dir
in dieser Stunde sagen, wie unaussprechlich ich Dich liebe und Dir
gehöre, und daß ich lebend tot wäre, stieße Dir was zu. Du bist
meine Vorsicht und meine höhere Vernunft und tue ich manchmal,
als könnte ich Dich belehren, ists im Unwesentlichen und das Wesentliche lehrst Du mich. O erhalte Dich mir und verzage nicht, ich
bin oft nicht bei Sinnen; im Grund bin ich gut und denke an nichts,
als Deiner würdig zu sein. Es lebt kein Mann auf der Welt, der
fähig wäre, Dich höher zu schätzen und kein Mensch, auch Deine
Kinder nicht, der Dich mehr liebte als ich Dich.* Ein Eingeständ-

nis von solcher Emphase, wie es selten ist, aber auch wiederum zu Sternheim passt. Thea ist die Frau seines Lebens – wenn er es nur zeigen könnte in ihrem Zusammenleben.

Das alte Muster ist virulent: Sind sie getrennt, empfindet er umso deutlicher, was er an ihr hat. Er will sie um keinen Preis verlieren. Vielleicht hat er aber auch in letzter Zeit gespürt, dass Thea sich innerlich weiter von ihm entfernt – nicht zuletzt, seit sie die Faszination durch Frans Masereel kennt. Beinahe klingt es wie eine Beschwörung: *Ich bin ein schwaches Geschöpf, das nur halbe Einblicke hat, und ich halte mich nur durch Deine Stärke. Sei froh für mich und gieb mir noch einige Jahre an Deiner Seite, Deiner ewigen Güte bewußter zu werden. Halte aus, damit ich aushalte und bleibe mein Glück und mein Weg und mein Ziel.* Solche Worte, die einen hohen Ton anschlagen, durchaus auch selbstkritisch gemeint sind, müssen Thea erreicht haben. Wieder einmal beschwichtigt sie die eigenen Zweifel.

Die Entscheidung für Dresden fällt auch deshalb, weil hier viele Künstler und Intellektuelle leben, von denen Sternheim sich einen angenehmen Umgang verspricht. Dazu zählen bald schon der sozialistische Politiker Otto Rühle und seine Frau, die Journalistin und Individualpsychologin Alice Rühle-Gerstel. Otto Rühle gehört zu den anregendsten Menschen, die die Sternheims hier treffen. Seiner Frau Alice gegenüber haben sie merkwürdigerweise Vorbehalte. Obwohl Rühle auch Bücher schreibt, schätzt ihn Sternheim vor allem als wachen und sozialkritischen Gesprächspartner. Und auch Carl Sternheim ist in jenen Jahren weniger Theaterdichter als vielmehr Autor politischer Publizistik. Ebenso wie Thea Sternheim werden die Rühles schon kurz vor Hitlers Machtantritt Deutschland verlassen und ins Exil gehen, zuerst nach Prag, in Alices Heimatstadt, und von dort aus 1935 nach Mexiko.

Am 24. Juni 1922 dann der Einzug ins neue Heim, den „Waldhof". Das Anwesen in Uttwil behalten sie allerdings.

Die ständigen Wohnortwechsel gehören unverrückbar zum Leben von Carl und Thea Sternheim dazu. Immer wieder bauen oder kaufen sie ein Haus, in dem sie glauben, hier zur Ruhe zu finden. Und immer wieder brechen sie auf. Thea findet sich hinein und begrüßt es, dass das Haus kleiner ist, als sie gefürchtet hatte. Der schattige Garten ist angenehm, hier lässt es sich leben. Doch gerade am Nachmittag ihrer Ankunft in Dresden werden in der Prager Straße Extrablätter verteilt: „Außenminister Rathenau ermordet!!!" Sie ist wie gelähmt. Ein Entsetzen breitet sich aus, Kopf und Herz sind leer. So viele Wunden geschlagen! Eine Spur der Gewalt zieht sich durch Deutschland. Drei Tage später dann in Dresden wie in anderen großen Städten Demonstrationen gegen den rechten Terror, dem Walther Rathenau zum Opfer gefallen ist. Die öffentlichen Gebäude sind auf Halbmast geflaggt, die Läden geschlossen. Thea hält im Tagebuch fest, *dieselben Massen, die jetzt die Internationale singen, brüllten zu Kriegsbeginn die Hassgesänge und werden sich ebenso wahllos, wird die Parole gegeben, auf den Fremdländischen stürzen und den Bessergekleideten erschlagen.* Der Arbeiterbewegung trauen sie keine wirkliche Veränderung zu. Ihre Einschätzung der deutschen Verhältnisse ist illusionslos, bereits zu diesem Zeitpunkt.

Über ihrem Leben im „Waldhof" steht kein guter Stern. Die bitteren Auseinandersetzungen des Ehepaares setzen sich mit gesteigerter Wucht fort. Es zieht, kaum dass sie wieder unter einem Dach leben, keine Ruhe in ihre Beziehung ein. Carl sei *so herrisch und brutal*, stöhnt sie. Doch auch sie ist überreizt und oft außer sich, unbeherrscht. Dahinter steht, wie man im Tagebuch verfolgen kann, ihr zunehmendes Bewusstsein, dass sie Frans Masereel liebt. Sie steht mit ihm im Briefkontakt, jedes Wiedersehen erregt sie zutiefst, sie projiziert all ihre unerfüllten Hoffnungen auf ihn und träumt nachts von ihm. Gesteht sich ein, noch nie, seit sie mit Carl Sternheim verheiratet ist, von einem anderen Mann derart aufgewühlt worden zu sein. Und auch Masereel scheint ihr als einer vertrauten Freundin verbunden. Der Unterschied zwischen beiden Männern ist eklatant. Je mehr sie sich von Masereels feiner, dezenter Art angezogen fühlt, von der Zurückhaltung, mit der er ihr in Briefen und Büchern seine Zuneigung zeigt, desto mehr stößt sie die Egozentrik Sternheims ab. Dennoch weiß sie, dass es keine Chance für eine Verbindung mit Masereel gibt. Beide sind verheiratet, und das macht vieles unmöglich.

Im Sommer 1922 verschärft sich ihr Konflikt erneut. Carl sei, so heißt es am 30. Juli im Tagebuch, abends in ihrem Schlafzimmer. *Die schreckliche Auseinandersetzung zweier Menschen die Besitz von einander ergriffen haben. Er pharisäisch und brutal, ich schamlos und ausser mir. Tränen, Angst und Verlassenheit!* Es scheint, als könnten sie einander nicht mehr tolerieren. Vielleicht ist es so, dass jeder der beiden vom anderen absolute Hingabe erwartet, bedingungslose, voraussetzungslose Liebe. Aber beide sind sie zu starke Persönlichkeiten, die sich dem anderen nicht beugen wollen und können. Das starke Hingezogensein zum Partner funktioniert noch – wenn sie nicht längere Zeit zusammen sind. Die Belastungen des Alltags jedoch reiben sie auf.

Ein Foto aus jenen Tagen im „Waldhof" zeigt das Ehepaar einmal zusammen auf einem Bild, was selten genug der Fall ist. Der Fotograf ist Franz Pfemfert, der öfter bei den Freunden zu Besuch ist – vielleicht an einem angenehmen Sommernachmittag, denn im Hintergrund sind die Obstbäume des Gartens zu erkennen. Carl Sternheim, im hellen Sommeranzug, posiert mit in die Hüfte gestützten Händen und dem Blick frontal zum Betrachter. Thea, im dunklen Kleid rechts hinter ihm, ist im Profil zu sehen, die Hand leicht auf seine Schulter gelegt. Doch eine echte Vertrautheit spricht aus dem Bild nicht. Was ist es, das eine gewisse Fremdheit suggeriert oder auch nur eine fehlende

Zugewandtheit? Eventuell liegt es nur an Theas Körperposition – jeder von beiden schaut in eine andere Richtung, richtet sein Interesse auf etwas anderes und blickt ganz anders: Der Mann will darstellen und imponieren; die Frau zeigt eher Nachdenklichkeit. Den Eindruck eines Paares erwecken sie nicht unbedingt.

Im Oktober 1922 ist Sternheim allein in Darmstadt, sein Stück *Der Nebbich*, bereits in Dresden entstanden, wird am Hessischen Landestheater uraufgeführt. In den Briefen von dort in den „Waldhof" klingt die wirkliche Sorge Sternheims seiner Frau gegenüber an: *Welche Melancholie Stoysi in Deinen Briefen, die mich bis hierher zur Verzweiflung bringt und bin ich wirklich der Rabenmann als den Du mich hinstellst, der Dich ohne Geld und von den Gläubigern bedrängt, allein läßt [...]?* In jener Zeit der ständigen Geldabwertungen sind natürlich solche ganz praktischen Probleme zu lösen, wie man die Rechnungen bezahlt, die die Hyperinflation in irrwitzige Höhen treibt. Der Dollar notiert Ende Oktober bei 4200 Mark, und das ist noch nicht das Ende. So heißt es in einem Brief Carls an sie: *Liebste, einliegend die 10000 Mark, von denen Du die 4200 Kohlenmann wohl bezahlst.* Doch das allein kann es nicht sein, was ihr Verhältnis so schwierig macht.

Sieh Stoysy ich habe außer Dir keinen Menschen auf der Welt, an dessen Meinung und Glaube an mich mir liegt, und ich muß sehen, daß ich nicht nur Dich nicht froher machen kann, sondern daß Du mir auch eine schäbige Haltung Dir gegenüber vorwirfst. Aber ich weiß, Du bist krank, veranlassen, etwas für Dich zu tun, kann ich nicht. Also was soll ich tun? Das klingt beinahe verzweifelt. Wie ein Hilferuf! Es muss Carl Sternheim bewusst geworden sein, dass etwas unwiderruflich zwischen ihnen verloren gegangen ist. Dass er sie *nicht froher machen kann* heißt auch, dass er sie nicht mehr erreicht. Dennoch kommt Thea zur Premiere nach Darmstadt und hält in der Loge tröstend Carls Hand, als im Laufe des Abends klar wird, wie schwach die Inszenierung ist, die das Stück bis *zur Unkenntlichkeit banal* erscheinen lässt.

Im November dann *Der Nebbich* in Berlin. Sternheim wohnt mal wieder im „Adlon", und von dort schreibt er an sein *trotzdem geliebtes Frauchen*, im Hotel wohnt *kein Deutscher außer 2 Dichtern Sternheim und Hauptmann sonst Schieber*.

Berlin ist ein Hexenkessel, der brodelt und alle bisher geltenden Werte durcheinander wirbelt. Die Stadt teilt sich, wie im Grunde das ganze Land, in diejenigen, die haben, und die, die nichts haben. Noch gehören die Sternheims zu denen, die haben. Noch ist auch Theas Erbe nicht aufgebraucht. Und Carl Sternheim ist ein erfolgreicher Theaterautor, der gut verdient, dessen Stücke die Theater füllen. In dieser Zeit kauft er sogar für 1 500 Franken Picassos *Les demoiselles d'Avignon* – eines der wertvollsten Bilder ihrer Sammlung und eine sichere Geldanlage, wie sie meinen. Schon 1920 haben sie ihre Gemäldesammlung mit Bildern von Matisse und Gauguin erweitert, die nun in ihrem Haus in Uttwil hängen. In Berlin sieht Sternheim begeistert erste Bilder von Marc Chagall und schreibt Thea davon, etwas *Wunderbares* entdeckt zu haben. Er lernt ihn und andere seiner Generation kennen; die jungen Russen bringen etwas sichtbar Neues in die Kunst. Die Malerei bleibt Carls und Theas große Leidenschaft.

In den nächsten Monaten wird das alltägliche Leben durch die Inflation immer schwerer zu bewältigen. Thea hält im Tagebuch ihre Erschütterung fest über *die grünlichgelben Gesichter der Proletarier, die in zerfetzter Kleidung kaum noch Kraft haben, heimwärts zu gehen*. Ihre Sorge, dass der Winter für die einfache Bevölkerung einen katastrophalen Ausgang nehmen wird, ist berechtigt. Diese Zeiten sind als Hungerwinter in die Geschichte eingegangen. Die Menschen ernähren sich von „Ersatz", und oft genug haben sie gar nichts zu essen. *Das ist Verhungern bei lebendigem Leib*, schreibt Thea voller Mitleid. Mangelkrankheiten greifen

Carl und Thea Sternheim im „Waldhof" bei Radebeul
Fotografie von Franz Pfemfert, Juli 1924

um sich, und die Grippe rafft Tausende dahin, weil die körperlichen Widerstandskräfte erschöpft sind. Alles zerfällt, was eben noch Bestand hatte. Eine Welt von gestern gerät in den Strudel des Untergangs. Die Sternheims können sich durch den Besitz von Devisen immer noch besser helfen als andere. Aber schwer ist es für alle.

Das Jahr 1923 beginnt nicht besser, als das alte Jahr endet. Carl Sternheim ist krank, labil wie sooft, nervlich aufs Äußerste strapaziert. Seine Frau, die in den zurückliegenden Monaten mehr als einmal notiert hat: *Immer nur Gedanken an den Haushalt, an Karls Wohlbefinden*, weiß jetzt beinahe keinen Ausweg mehr. Seine Krankheit sei *durch nichts mehr gehemmte Zügellosigkeit, ein zum Wahnsinn gesteigerter Egoismus*. Sie fühlt ihr Herz schwer wie einen Stein in der Brust. Nun denkt sie wieder einmal daran, ein Ende zu machen: *Zwei Gläser Veronal und dann Schluss!* Selbst wenn man Thea Sternheims Neigung zum Pathetischen in Rechnung stellt, bleibt der Eindruck einer zunehmend unlebbaren Beziehung.

Das einzig Optimistische, was sie in dieser Zeit aufrecht hält, ist die Weiterarbeit an ihrer Erzählung *Anna*. Die Übereinstimmung in der Arbeit ist noch immer das Verbindende zwischen ihnen. Und das ist eine gegenseitige Zuwendung zur Arbeit des jeweils anderen. Sie schreibt auf der Schreibmaschine die neu hinzugekommenen Teile ins Reine, sieht sie mit kritischen Augen durch: *Und liebe das Werdende, wie man ein Kind liebt. Alles ist visionär schon in mir vollendet. Es ist nur noch auszutragen.* Ganz lässt sie der Zweifel nie los, ob es ihr künstlerisch gelingen werde. Und Carl ist sie dafür dankbar, dass er ihr das Geschriebene durchsieht, ihr Deutsch und vor allem die *Rheinlandismen*, also die regional gefärbten mundartlichen Ausdrücke, korrigiert. Auch sie begleitet seine Arbeit weiterhin aktiv, mit dem Einsatz vieler produktiver Ideen und Entwürfe. Wenn sie zusammen arbeiten, lässt sich anderes einigermaßen vergessen. Dann weiß Thea ganz genau, was sie an Carl liebt.

Carl Sternheim reist Anfang Januar 1923 erst einmal, weil er sich erholen muss, in die Schweiz. Auch die Grenzüberschreitung ist nicht einfach, man braucht jedesmal einen Pass. Und er schreibt Thea die Preise für Lebensmittel, wie sie im Verhältnis Schweizer Rappen zu deutschen Mark stehen, etwa: *1 Ei = 32 Rp. = 580 M., 1 Blumenkohl = 70 Rp. = 1260 M.* Deshalb ist eine Rückkehr nach Uttwil vorläufig nicht realistisch. Doch Sternheim fährt nach Locarno am Lago Maggiore, er fühlt sich krank und geschwächt. Muss seinen Keuchhusten auskurieren, vor allem aber das Nervenkostüm stärken. Und ein deutsches Sanatorium kommt nicht in Frage, weil man dort, wie er meint, *an der deutschen Mentalität und an nichts sonst kaput geht.* Und von Locarno aus verspricht er seiner Frau, erst dann zurückzukommen, wenn er sich soweit stabilisiert habe, *daß ich ruhig und gelassen im Haus sein kann.* Er weiß es ja und hört es auch von Vertrauten wie dem Freund Franz Pfemfert, dass es *toll mit mir gewesen* sei, mit anderen Worten, dass er in Dresden oft die ganze Familie tyrannisiert habe. Die chronische Nervosität Sternheims ist die genaue Entsprechung zur Atmosphäre jener Zwanzigerjahre, einer aufgeheizten, ins Extreme getriebenen Epoche. Franz Kafka, der wie kein anderer diese Atmosphäre seziert, spricht von einem nervösen Zeitalter.

Derweil bleibt Thea mit den Kindern im „Waldhof" und versucht, das Leben zu meistern, so gut es irgend geht. Sie selbst aber ist ebenfalls nervlich dermaßen erschöpft, *dass mein Schlaf wie Blei ist und ich morgens müder aufstehe, als ich mich hingelegt habe.* Durchzuhalten kostet sie weit mehr Kraft, als Carl sich vorstellen kann. Franz Pfemfert und seine Frau Anja kommen aus Berlin zu Besuch; deren Freundschaft tut ihr unendlich gut. In jenen Tagen schreibt sie ihrem Mann einen Brief nach Locarno, den Thea im Tagebuch ganz anders reflektiert als der Empfänger. Ihr guter Brief *macht mich bestimmt gesund*, antwortet er ihr in einem Telegramm am 11. Januar 1923. Sternheims Schweiz-Reise sind in Dresden wiederum schreckliche Auseinandersetzungen vorausgegangen, in denen beide – Carl und Thea – so gereizt und ungerecht zueinander gewesen sind, dass sie hinterher nicht mehr aus noch ein wissen. Es ist, als wollten sie miteinander abrechnen. Und im Hintergrund geistert schon wieder eine junge Frau herum, ein neues amouröses Abenteuer Sternheims.

Im Tagebuch schildert Thea den letzten Abend vor seiner Abreise. Er sitzt bei ihr, bis er fort muss, und er weint. Er sei hilflos wie ein kleines Kind und *nimmt Abschied wie einer, der nicht wiederkommt*. Thea fühlt sich wie gebrochen. Ihre Tochter sitzt bei ihr, um ihre Verbundenheit mit der Mutter zu zeigen. Da liest Thea ihr aus Baudelaires Briefen an seine Mutter vor, was ihnen beiden Trost spendet – wie sooft die Kunst das einzige ist, was besänftigend auf sie wirkt. Den Brief an Carl kennen wir nicht wörtlich, sondern nur in den Reaktionen auf ihn. Thea selbst notiert im Tagebuch darüber, sie habe ihm geschrieben: *So aufrichtig wie ich nach den Gesetzen der Barmherzigkeit sein kann*. Denn sie hat ihm auch gesagt, sie sei nicht in Frans Masereel verliebt, doch sehne sie sich nach einem Menschen, der zu ihr loyal sei. Das ist, sie weiß es, nicht ganz ehrlich, sondern eine Schutzaussage: *Das war Angst um Frans und Barmherzigkeit mit Karl*. Doch vor sich selber gesteht sie sich die Wahrheit ein.

Carls Brief vom 11. Januar 1923 an seine Frau, die Antwort auf ihren Brief nach Locarno, ist eine aus seiner Sicht aufrichtige Bestandsaufnahme ihrer konfliktreichen Beziehung: *Alles, was in Deinem Brief steht, ist richtig, und wenn die Reise keinen anderen Zweck hatte, als daß das einmal fern von momentanen Umständen ausgesprochen wurde, ist es gut, daß ich fortging. Ich kann nur entsprechend sagen: mein irdisches Leben ist*

Deinem vereint, ich liebe Dich mehr als ich es sagen kann, und ist es nicht tragisch, daß uns die Umstände viel von dem Glücke nimmt, miteinander zu leben. Sternheim selbst bedarf also des Abstands zwischen ihnen, um einmal ganz schlicht auszusprechen, mit wie vielen Widerhaken ihr Zusammenleben seit langem gespickt ist. Er sieht sich nicht als den Schuldigen daran, doch registriert er immerhin die Kalamität der *Umstände*, die sie an einem ausgeglichenen Glück hindern. *Ja mein einzig geliebter Mensch auf der Welt, wir haben in der Abwehr gegen das meist Abscheuliche, das uns giebt, schlechte Manieren bekommen, überschreien unsere Herzen − sagen uns nicht Liebes genug, aber dieser Liebes*brief *an Dich ist nicht weniger innig als er vor zwanzig Jahren sein mochte.* Und dann fügt Carl Sternheim noch etwas hinzu, was ein besonderes Licht auf das innerfamiliäre Beziehungsgeflecht wirft und einen wunden Punkt benennt, der für alle Beteiligten kränkend ist: *Ich liebe auch die Kinder, nur machen sie und das Leben es mir schwer, es auszudrücken* [...]. Wie oft hat er sich durch Mopsa und Klaus gestört gefühlt, wie oft führte gerade dies zu Spannungen zwischen ihnen. Nicht etwa nur durch Geräusche im Haus, die Kinder und Heranwachsende unweigerlich verursachen, sondern insbesondere auch durch den Anspruch der jungen Leute, ein eigenes Leben zu leben.

Die Fähigkeit Carl Sternheims zu einer einigermaßen kritischen Selbsteinschätzung ist nicht sehr entwickelt. Und so notiert auch Thea im Tagebuch nach der Lektüre seines Briefes: *Dieser Mann, der mir meistens zu den Zeiten, wo er meine Liebe mit Füßen trat, die glühendsten Briefe schrieb, kann heut mein Herz nicht mehr beeinflussen.*

Wie so häufig, bewahren die Frauen die Briefe der Männer meist vollständig, umgekehrt oft nur sporadisch. Auch im Briefwechsel des Ehepaars Sternheim existieren weit mehr Briefe von ihm an sie.

Bevor Sternheim aus der Schweiz nach Dresden zurückfährt, macht er noch Station in Uttwil. Man sucht nach

einem kleineren Häuschen, um, sobald es finanziell möglich wird, wieder an den Bodensee zu ziehen. Carl erklärt
seiner Frau beim Wiedersehen Ende Januar, er sähe für sich
in Deutschland keine Aussicht mehr auf eine befriedigende
Karriere. Sein Wirken als Schriftsteller würde im Klima *der*
geistig niedrigstehendsten Nation verpuffen. Das empfinden in
dieser Zeit viele linksliberale, pazifistisch gesinnte Intellektuelle in Deutschland: Es ist so sinnlos, sie setzen ihre besten Kräfte ein – um nichts zu erreichen und in der Öffentlichkeit keinerlei Gehör zu finden. Kurt Tucholsky geht es
so und vielen anderen Künstlern, mit denen die Sternheims
befreundet sind. Die junge Demokratie der Weimarer Republik wird von den rechten Kräften abgewürgt und droht
vor die Hunde zu gehen. Kaum schüttet Sternheim Thea
sein Herz aus und macht ihr seine tiefe Enttäuschung plausibel, ist das sie verbindende Verständnis wieder da, die alte
Kameradschaftlichkeit.

Mehr und mehr macht die politische Nachkriegssi-
tuation ihnen die Existenz in Deutschland unerträglich.
Beide, Carl und Thea Sternheim, fühlen sich unter anderen, großzügigeren Nationen wie den Franzosen, den
Schweizern oder Belgiern wohler und mehr akzeptiert.
Auch die Angst vor einem *neuen Krieg, der jederzeit über*
uns hereinbrechen kann, lässt sich nicht völlig ausklammern.
Sternheims Zerrissenheit und Hypernervosität sind natürlich auch Ausdruck der Zerrissenheit ihrer Epoche. Die
unsicheren Zukunftsaussichten, zumal für einen Autor,
der das Theater braucht, um wirken zu können, sind un-
bestritten. Doch steigert sich bei ihm diese Anspannung
immer wieder zu Überreaktionen, mit denen sich schwer
leben lässt.

Noch wohnen sie im „Waldhof", doch ihre Bestrebun-
gen zielen bereits 1923 darauf, sich so bald wie möglich
wieder im Ausland anzusiedeln. Die Tochter Dorothea,
künstlerisch begabt, studiert inzwischen an der Dresd

ner Kunstakademie Bühnenausstattung, während für den Sohn Klaus nach Ostern ein neues Schuljahr beginnt. Carl Sternheims fünfundvierzigsten Geburtstag am 1. April feiern sie diesmal auf der Bodensee-Insel Reichenau. Glücklicherweise verlängert man ihnen im Deutschen Konsulat in St. Gallen die Auslandspässe, sodass ihnen in dieser Zeit der politischen Spannungen der Ausweg bleibt, in die Schweiz zurückzukehren. Wieder einmal notiert Thea die inflationären Preise für Lebensmittel in Deutschland: 11 000 Mark für ein Pfund Butter, 1 600 Mark für ein Brot, das Pfund Kaffee kostet 14 000 Mark. Andererseits bekommen sie in der Wechselstube für 100 Schweizer Franken, die sie ja auch besitzen, 400 000 Mark.

Carl Sternheim ist durch die Situation im Lande aufs Äußerste gereizt. Das Leben scheint ihm unerträglich. Und, so stellt seine Frau fest, seine ganze Wut und Enttäuschung richtet sich gegen seine unmittelbare Umgebung. Die Familie leidet unter seiner *mürrischen Erbitterung*, fast immer ist die Stimmung explosiv aufgeladen. Carls Ungerechtigkeiten im Umgang mit seinen Nächsten oder auch mit dem Personal sind kaum noch zu kompensieren. So untersagt er der Tochter, in seiner Gegenwart zu husten. *Ich hätte*, notiert Thea, *dergleichen mit achtzehn Jahren nicht hingenommen*. Ein Funke, oft ganz banal, genügt, um Sternheims Nerven zum Explodieren zu bringen. Hin und wieder kommt auch Carlhans, Sternheims Sohn aus der ersten Ehe, zu ihnen in den „Waldhof". Dem Vater ähnlich, ist dieser junge Mann ebenso nervenschwach, ja oft kränklich und schwierig im Umgang. Thea fällt es nicht leicht, freundlich zu ihm zu sein. In dieser angespannten Lage ist es ein Glücksfall, dass sie den Sommer in ihrem neuen Häuschen in Uttwil verbringen können, in der sogenannten *Hütte* am Ufer des Bodensees. Hier finden sie die so notwendige Erholung. Doch für sie zusammen ist zu wenig Platz. Zunächst ist Thea einige Zeit allein dort.

Ende Mai 1923 schreibt ihr Sternheim: *Ich freue mich, daß Du Dich über Uttwil freust. Das haben wir gut gemacht!*

Geliebte Taube, schreibt er ihr aus dem „Waldhof" und findet zu Herzen gehende Worte, um ihr seine Widersprüchlichkeit, seine Zerrissenheit dennoch als eine liebenswerte Seite seiner Person darzustellen: *Ich liebe nebenbei sehr meine Frau, eine gewisse Stoysi, die neben den paar Kunstwerken, die mir das Leben zeigte, der einzige Mensch war und ist, der sich mir lohnt. Auch sie kann ich nicht jeden Tag, besonders wenn sie mir zu nah ist, in ihrer ganzen für mich nötigen Glorie erkennen, aber habe ich nur ein wenig Distanz, liebe ich sie als das einzige mir genügende Gleichnis des Weibes, das ich verehre wie das männliche: Flaubert.* Sichtbar wird das immer wiederkehrende Muster ihrer schwierigen Ehe: Die Idealisierung des Partners hält an, solange sie nicht täglich zusammen sind und die Mühen des zu organisierenden Familienalltags zu tragen haben. Sonst aber frisst der Alltag sie auf, gehen die Nerven mit ihnen durch. Ist Carl allein im „Waldhof" und hat mit den Sorgen und Nöten aus nächster Nähe fertig zu werden, begreift er auch, wie er seiner Frau gesteht, *nach fünfwöchiger Haushaltsführung Deinen gebrochenen Zustand und wir können uns auch in Zukunft jeder die Zähmung dieser deutschen insbesondere sächsischen Bestien jeder auf höchstens je 3 Monate zutrauen.*

Manchmal, wenn sie getrennt sind, Carl hier, Thea dort, macht er sich durchaus klar, welch eine Zumutung er für die Seinen ist. Mit einem gewissen Schalk im Ton gesteht er sogar, er sei das *verrückte Gespenst* im „Waldhof" gewesen. *Ja, meine liebe, nun schon zwanzig Jahr mich ertragende und mich schließlich schätzende und liebende Frau, magst Du noch immerhin über das Leben an meiner Seite Träume haben, ich habe – nehmt alles nur in allem das vollkommene Glück an Deiner Seite, daß ich ein Weib mir völlig ebenbürtig schätze, und das ich brauche!* Beinahe kommt es einer Beschwörung gleich, ihm nicht verloren zu gehen. Sie solle, schreibt er in diesem

Brief, sehr auf ihre Gesundheit achtgeben, *die für mich nicht zu ersetzen ist.* Doch der Tenor ist unüberhörbar: *Er* braucht sie; für *ihn* soll sie sich erhalten.

Thea kann in all diesen Monaten Frans Masereel nicht wiedersehen, was wiederum ihre nervöse Gereiztheit verstärkt. Die politischen Spannungen zwischen Deutschland auf der einen, Frankreich und Belgien auf der anderen Seite machen diese Kontakte unmöglich. Sie zieht sich in ihr Inneres zurück wie eine Schnecke in ihr Haus. Mehr und mehr sucht sie nun Zuflucht in der Religiosität. Beschäftigt sich mit religiösen Schriften. Liest Franz von Assisi. Und besinnt sich wieder auf ihr eigenes literarisches Schaffen: *Vor allem denk ich an „Anna'.* Das wird auch fortan in vielen schwierigen Situationen ihr Halt sein.

Im Jahr 1923 erreicht die Inflation einen ungeahnten Höhepunkt. Sternheim überschlägt immer wieder die finanziellen Mittel, die die Familie unbedingt zum Auskommen benötigt. Was verdient ein erfolgreicher Theaterautor in Deutschland? Selbst bei täglich ausverkauftem Haus in Berlin, mit dem Stück *Die Hose,* kommen pro Monat gerade 2 000 000 Mark herein, das sind umgerechnet 175 Franc – und es reicht eben nicht. *In der Schweiz brauchten wir mindestens 24000, die wir nicht haben. Also* muß *ich einen Teil des Jahres hier verbringen und das deutsche Elend in Kauf nehmen.*

Im Juli und August hält er sich dann allein in Uttwil auf, ohne die Familie. Er erholt sich nun ebenfalls, badet im See, arbeitet sogar im Garten. Die Ruhe, ohne Streit und Zwistigkeiten mit der Familie, tut ihm gut. Und er dankt Thea für die schönen Tage am Bodensee, die er genießen kann. *Hier bin ich auch nicht krank, weil mich nichts mitnimmt,* schreibt er nach Hause, der *infernalische deutsche Lärm* ist weit genug weg. Im August schreibt er ihr: *Ich glaube, ich weiß von der Welt und auch von Dir sehr viel, nur auszudrücken auch durchs Gefühl ists schwer; aber in meinen besten Stunden, wenn ich mich gesundheitlich wohl wie gestern und heut fühle, weiß ich, das*

Ganze war schön und vor allem richtig. Und daß *es richtig wurde, davon trägst Du das Hauptverdienst.* So rät er seiner Frau, all die Briefe wieder zu lesen, die er ihr über zwanzig Jahre geschrieben hat, um versichert zu sein: *ich habe nie etwas anderes behauptet und gewußt, als daß ich Dich über alles in der Welt liebe.* Thea gesteht sich jedoch im Tagebuch ein, dass diese liebevollen, sicherlich sogar aufrichtig gemeinten Worte sie nicht mehr erreichen – zu viel Bitterkeit und Enttäuschung drängt sich in ihrer Erinnerung in den Vordergrund.

Wieder zurück im „Waldhof", inszeniert Sternheim *Die Hose* am Neuen Theater Dresden, die im Oktober Premiere hat. Es ist seine erste eigene Regiearbeit. Der Erfolg zeigt sich in turbulenten Publikumsäußerungen am Ende, die jedoch in ihrer Gegensätzlichkeit – zum ersten Mal in dieser Deutlichkeit – auch antisemitische Ausfälle enthalten: Bravorufe, „Herrlich, Sternheim" mischen sich mit Pfeifen und Geschrei: „Haut den Juden tot!" Die politische Kultur der Weimarer Zeit hat einen schmerzhaften Riss bekommen. Das reaktionäre Übergewicht im Lande nach der Niederlage im Weltkrieg und dem Versailler Vertrag ist nicht mehr zu überhören. Thea Sternheim registriert in ihren Aufzeichnungen bereits Pogromstimmung: *Die nach Rache lechzende Volkswut stürzt sich auf den als Sündenbock so bewährten Juden.*

Ganz ähnliche Erfahrungen macht Heinrich Mann, der am 12. August 1923 im Dresdner Opernhaus auf Einladung der sächsischen Regierung eine Festrede hält und in Tumultszenen den Zorn rechtsgerichteter Kreise über sich ergehen lassen muss. Er besucht die Sternheims, und im abendlichen Gespräch prophezeit er, wie Thea notiert, eine Wendung zu dem, *was man bereits allgemein als Nationalsozialismus bezeichnet.* Das ist zehn Jahre vor Hitlers Machtantritt! Sie registrieren die politische Entwicklung genau und haben keine Illusionen, wohin das führen kann.

Carl Sternheims Gesundheit wird von all diesen Ereignissen erneut vehement angegriffen. Seine Frau sieht die Veränderungen mit Besorgnis: Ein sich schnell ausbreitendes Ekzem im Gesicht ist nur der sichtbare Ausdruck für das nervöse Brodeln in seinem Inneren. Alles reizt seine Nerven, ob es der Anruf eines Verlegers ist, die prekäre finanzielle Situation durch die Inflation oder auch nur etwas so Belangloses wie ein misslungenes Mittagsgericht – er ist nicht in der Lage, das zu kompensieren. Im Gegenteil steigert er sich in einen regelrechten Verfolgungswahn, als sei alles, was geschieht, gegen ihn gerichtet. Thea nennt das Phänomen: *eine Art Michael Kohlhaas in die Umstände von 1923 übertragen.* Es ist ein Leben auf dem Vulkan – und wird es noch lange bleiben. Sie leidet selber unter seiner Nervenanspannung und mahnt sich zu Geduld und Verständnis für den Kranken. Sieht seine Hilfsbedürftigkeit, nimmt seine Angstzustände wahr. Hinzu kommt noch, dass sein Sohn Carlhans, der bisher die Odenwaldschule besucht hat, vom Direktor von der Schule suspendiert wird und in eine Irrenanstalt eingewiesen werden muss. Die Ärzte stellen ähnliche Symptome bei ihm fest, wie sie Sternheims Zustand charakterisieren. Der Freund Conrad Felixmüller übernimmt es, Carlhans in die Anstalt zu begleiten.

Auf dem nächtlichen Heimweg vom Theater in den „Waldhof" glaubt Sternheim sich verfolgt. Den letzten Teil des Wegs müssen sie durch ein Waldstück laufen. Carl bleibt stehen, dreht sich fortwährend um, glaubt, es folge ihnen jemand. Einbildung oder reale Gefährdung? Vernünftigen Erklärungen ist er nicht zugänglich. Sein Zustand wird schlimmer, er braucht ärztliche Hilfe. Sohn und Tochter, die dabei sind, erleben die furchtbare Erregung des Vaters. Ein herbeigerufener Arzt gibt ihm eine Morphiumspritze zur Beruhigung und äußert Thea gegenüber, noch niemals habe er *einen derart hysterischen Menschen* gesehen. Die Familie hat die schlimmsten Befürchtungen für die Zukunft.

Theas vierzigster Geburtstag am 25. November 1923 geht ohne großes Fest vorüber. Carl und die Kinder sind bei ihr und gratulieren, liebevolle Briefe kommen von guten Freunden wie Franz und Anja Pfemfert. Sonst aber gibt es wenig Grund zum Feiern. Während sich Sternheim allmählich erholt, zieht sich Thea in diesem Winter immer weiter in sich selbst zurück. Wenn sie allein ist, gesteht sie sich ein, an Carl wolle sie gar nicht denken, an Frans Masereel jedenfalls weniger.

Carl Sternheim macht schon bald wieder Pläne. Weitere eigene Regiearbeiten in Berlin werden folgen. Mopsa wird bald seine Mitarbeiterin für das Bühnenbild – eine neue Erfahrung, die das Vater-Tochter-Verhältnis etwas zu versachlichen scheint. Einmal schreibt er an Thea über Mopsa: *Sie hat viel Talent, hat Bühnenbilder zum Nebbich gemacht, sehr talentvoll. Aber ist man nicht unbedingt zu ihrer Verfügung, wird sie grob. Außer Dir, die sie, soweit sie lieben kann, liebt, ist für sie jeder Mensch auszunutzen. Sie bedient sich in der Schule, und wo sie hinkommt, bewußt meines Namens. Ganz naiv. Ich habe ihr eingeschärft: noblesse oblige. Was ihr unbequem ist.*

Ende des Jahres 1923 sind sie gemeinsam in Berlin, Sternheims Komödie *Die Kassette* in seiner eigenen Regie hat in der „Tribüne" Premiere. Bedeutende Schauspieler wie Eduard von Winterstein als Oberlehrer Krull und vor allem die große Adele Sandrock als Tante Elsbeth sorgen für die nötige Aufmerksamkeit. Die wichtigsten Kritiker sitzen im Parkett, Alfred Kerr natürlich und Julius Bab. Und wieder ist Thea begeistert von ihrem Mann: *Karl einen Ehrenplatz in der Literatur für diesen Wurf!*, hält ihr Tagebuch fest. Gegen kritische Stimmen verteidigt sie ihn, steht an seiner Seite. Carl aber will vor allem gelobt werden für seine Regie: *Und meine Regie?*, fragt er immer dringlicher. Wenn sie jedoch, unter vier Augen, einige kritische Einwände äußert, weist Carl die strikt zurück, uneinsichtig, nennt sie *albern, wird frech.* Doch jetzt kommt ein neuer Ton in Thea

Sternheims Aufzeichnungen: *Das erregt mich so wenig, dass ich ihn unter den Arm nehme und vergnügt ausschreite.* Wie schafft sie es plötzlich, so souverän zu sein? Etwas scheint sich in ihr zu vollziehen, was einem langen Prozess der Erkenntnis folgt: Sie muss sich wehren. Oder abwehren. Hat diese ganze *schreckliche Anpassung*, wie sie die Ehe einmal nennt, gründlich satt.

Sie ist auf den ganzen Menschen aus, den Künstler und den liebenden Mann in seiner Einheit. Und genau das kann Carl Sternheim nicht leisten. Bei ihm fällt die Existenz auseinander in zwei Hälften – den Dichter, den Thea Sternheim immer geschätzt hat und schätzen wird. Und den Mann, der ein übersteigertes Geltungsbedürfnis hat und sich selber nicht zurücknehmen kann, auch der Frau gegenüber nicht, die er wirklich liebt.

Carl Sternheim ist ein Mensch voller Widersprüche. In der Kunst gelingt ihm das, was ihm im Leben und in seiner Ehe nicht zu Gebote steht: über den Dingen zu stehen. In der Kunst kann er Satire einsetzen als die radikalste Art, auf die Falschheiten der Menschen, auf die Zumutungen der Wirklichkeit zu reagieren. In seinem Lustspielzyklus *Aus dem bürgerlichen Heldenleben* sieht man den Schriftsteller souverän die Schwächen der spätbürgerlichen Gesellschaft und des kleinbürgerlichen Möchtegern aufspießen. Sie der Lächerlichkeit preisgeben. Seiner eigenen Frau gegenüber aber bleibt er beständig in der Rolle des Egomanen. Das ist der Fluch, der über dieser Ehe zu liegen scheint.

Weiß Carl Sternheim das? Schätzt er die Situation wenigstens manchmal realistisch ein? *Ich wollte, Du glaubtest noch an mich, nicht nur an meine Arbeit, an mich selbst*, schreibt er ihr am 22. Januar 1924. *Ich ginge bei Dir erwartet ein aus, Du nähmst mich, wie ich bin. So wie es einmal war.* Spürt er, dass sie beginnt, sich von ihm zu entfernen? Dass er zu weit gegangen ist in all den Jahren?

Schweben über Abgründen

Wie lange wird Thea das noch aushalten können? In immer kürzeren Abständen fragt sie sich: Bleiben oder Gehen? Ihr Zusammenleben ist äußerst fragil. Wird es nicht alles nur noch schlimmer, wenn sie weiter versucht durchzuhalten? Andererseits sieht sie, wie labil Carl Sternheims Gesundheit ist, wie er sie doch braucht. Was sie noch hält, ist ein Verantwortungsgefühl, das sie so schnell nicht loswird. Doch ihre Erwartungen an das gemeinsame Leben, selbst ihre Pläne für die Zukunft, gehen zunehmend auseinander. Carl will das Haus umbauen lassen, Pferd und Wagen kaufen. Thea schreckt vor all dem eher zurück: Keine Unternehmungen mehr, die sie binden. Sie benötigt nicht mehr Raum, mehr Komfort. Im Gegenteil, es würde ihr entgegenkommen, sich zu bescheiden. Von ihrem einst riesigen Vermögen, vom Vater geerbt, ist kaum noch etwas da. Da sollten doch die Ansprüche der Familie Sternheim zurückgefahren werden.

Zusätzlich befremdet sie das Verhältnis des Vaters zu Mopsa. Thea erschrickt: Er sieht sie mit Blicken an, die eigentlich zwischen Vater und Tochter nichts zu suchen haben. Auch andere beobachten das. Wenn Mopsa sich ihrer Mutter zärtlich zuwendet, zeigt er eine fatale Eifersucht. Zur Entspannung der familiären Atmosphäre trägt das nicht bei. Die Misere schreitet voran. Als es immer schwieriger wird, mit ihm auszukommen, wächst die Frage: Wie will sie leben – wie soll man leben?

Das Frühjahr 1924 aber bringt zunächst eine unendliche Freude: die erste Reise nach dem Krieg nach Paris. Auf Einladung von Frans Masereel, der mit seiner Frau

in Paris lebt, können sie den Monat März in der Seine-
metropole verbringen, deren so viel freiere Luft atmen.
Sternheim hat sich bei einflussreichen Bekannten um
Unterstützung in der Passfrage bemüht. Nun frischen sie
alte Bekanntschaften auf, knüpfen neue Kontakte. Schon
vor der Reise heißt es in Theas Tagebuch, die Hoffnung,
Frans Masereel wiederzusehen, verjünge sie, helle ihre
Stimmung derart auf, dass sogar Carl bemerkt, er habe ihr
Gesicht seit Jahren nicht so strahlend gesehen: *Ich bete fast
um ein Wiedersehen mit Frans.*

In Paris dann lebt sie tatsächlich auf. Kann sich mit
Masereel allein in seinem Atelier in Montmartre treffen;
sie gehen zusammen essen in einem typischen kleinen Pariser Gasthaus. Beide spüren, dass sie sich nahe sind, doch
bleibt der notwendige Abstand gewahrt. Thea Sternheim
ist in diesen Tagen froh wie lange nicht. Sie fotografiert in
den Tuilerien, läuft durch die Parks, geht ins Kino, fühlt
die Beklemmungen und Nöte der letzten Jahre von sich
abfallen. Hier, das weiß sie, könnte sie leben. Wie wird
sich ihr Dasein in den kommenden Jahren verändern?
Wird sie die Kraft haben, die richtigen Entschlüsse zu fassen? Noch weiß sie es nicht. Doch die Aussicht, dass es
mit Carl wieder gut gehen würde, tut sie vor sich selbst
endgültig als *Romantik* ab.

Wieder zurück in Dresden, ängstigt sie die ständige
Wiederholung des zermürbenden Alltags. Sie kann in
ihrem Mann jetzt nur den *Unterwühler alles Bestehenden*
sehen, der mit seiner zunehmend unerträglichen Art das
zu zerstören droht, was sie an Trost aus Paris mit heimge-
bracht hat. In einem Brief an Masereel klingt es wie ein
Hilferuf, wenn sie ihm gesteht, wie schwer das Zusammenleben mit Carl geworden ist: *Seine Haltlosigkeit streift
schon an das Katastrophale.* Frans Masereel bleibt weiterhin
mit beiden Sternheims in engem Kontakt, schickt graphi-
sche Blätter zu Carl Sternheims Büchern, seine Illustra-

tionen zu Romain Rollands Roman *Jean-Christophe*, zu Werken Oscar Wildes oder Rilkes.

Sternheim ist mittlerweile wieder in Uttwil. Von dort schreibt er ihr am 26. April 1924: *Ich hoffe, Du hängst noch irgendwie an mir und umarme Dich als stets derselbe unerträgliche immerhin Dich von Herzen liebende/ Carl.* Ist es Koketterie, sich selbst als unerträglich zu apostrophieren? Will er damit ihren Widerspruch wachrufen, das sei er ja nicht? Und er bittet sie, wenig später im Mai, eindringlich: *Achte nicht darauf, wäre ich auch äußerlich hier und da mürrisch. Hab mich lieb und sprich mir dann, wie Dus in Briefen tust, Deine Teilnahme und ein wenig Zärtlichkeit aus.*

Diesmal geht es ihm längst nicht so gut wie im vergangenen Sommer am Bodensee. Von Arbeit im Garten oder Baden im See kann keine Rede sein. Im Juli begibt er sich erneut in die Behandlung des Zürcher Neurologen Professor Monakow. Sein nervlicher Zustand ist bedenklich. Der Arzt analysiert ihn gründlich, Sternheim hat Vertrauen zu ihm und fühlt sich verstanden: *In immer größerer Klarheit sah ich mein Leben der letzten Monate und wurde, da ich es erkannte, immer ruhiger und überlegener – nichts von allem Schrecklichen, das ich durchlebt, schreckte mich mehr,* so lässt er Thea an diesem Erkenntnisprozess teilnehmen, *und ich wünscht nur, Du hättest dabeigesessen, mitgehört, denn dann wäre dieser unvollkommene Brief unnötig gewesen.* Er sei nicht verrückt, habe der Arzt ihm erklärt, und hat stattdessen *die seelischen Gründe und Ursachen meines Zustands aus der Wirklichkeit* abgeleitet. Von *Seelenkrämpfen* und *schwerer seelischer Krankheit,* aber *völliger geistiger Klarheit* sei in der Diagnose die Rede. Er habe auch von Theas Nierenleiden erzählt, und der Arzt habe diese ihre Symptome letzten Endes auf ähnliche *Gefühlskrämpfe* zurückgeführt.

Carl Sternheim scheint erleichtert zu sein, dass die ärztliche Schlussfolgerung aus seiner Untersuchung *keine Verrücktheit* ist. Denn genau dies war ja sein schweres familiäres Erbteil und hat ihn seit früher Jugend gesundheitlich angreifbar gemacht. In jenem Brief an Thea vom 5. Juli 1924 heißt es schließlich: *Die* Heilung: *dadurch, daß ich durch diese Feststellung bestimmt weiß, was mir fehlt, und wie dieser Zustand gekommen ist, werde ich in Zukunft einfach Umstände vermeiden, die mir schädlich sind; und da ich sie, wie die Verhältnisse in Deutschland und im Waldhof augenblicklich liegen, dort nicht ändern konnte, bin ich im richtigen Instinkt in die schweizerische Einsamkeit gegangen, wo ich eben mit Monakows und der Einsamkeit Hilfe überhaupt erst obige Feststellungen machen konnte und ein sicheres Ufer gewann, von wo aus ich mich aufs neue vorsichtig ins Leben wagen darf.* Das Haus in Uttwil solle daher auf immer der Hafen sein, *in dem ich mich aus ähnlichen Krampfzuständen retten kann.* Und schließlich rät er seiner Frau, sich nun ebenfalls der seelischen Ursachen ihres krankhaften Zustands bewusst zu werden, d. h. sich ärztlich analysieren zu lassen – *ehe Du Dein Leben grundlegend und eventuell in Deinem eigenen Sinn falsch änderst.* Überdeutlich spricht daraus Sternheims Angst, Thea könnte eines Tages wirklich Ernst machen und ihn verlassen, um selber wieder gesund zu werden. Um endlich bei sich selber anzukommen. Er benutzt die Autorität des bekannten Arztes und beruft sich gewissermaßen auf dessen Warnung, ihr Leben *in Deinem eigenen Sinn* zu ändern, also die falsche Entscheidung zu treffen. Nichts wäre fataler für Sternheim, als von seiner Frau verlassen zu werden. So fordert er sie geradezu mit dem Zaunpfahl auf: *Ich rate Dir daher, wenn Du hier bist, einmal zu dem alten lieben Russen zu fahren, bei dem Du weinen und Dich an seinen weissen Bart lehnen kannst, und Dich mit ihm über Dich zu besprechen.*

Carls langen Brief hat Thea wortwörtlich in ihr Tagebuch übertragen, wie sie es überhaupt zuweilen mit wichtigen Briefen und Zeugnissen hält. Er markiert eine Zäsur in ihrer Beziehung. Denn hier kann man schwarz auf weiß nicht nur Sternheims Angst vor einer Trennung ablesen, sondern auch sein Manöver erkennen, seine Frau selber zu einer Kranken zu erklären. So versucht er von der eigenen Schuld am Zustand ihrer Ehe abzulenken. Schließlich kann ja keiner für eine Krankheit verantwortlich gemacht werden. Ziemlich sarkastisch kommentiert Thea im Tagebuch Carls Brief am Ende mit dem Ausruf: *Es lebe die Psychoanalyse!* Und nicht zuletzt, notiert sie, hätte er eine derartige Auskunft ohne weiteres auch von Alice Rühle in Dresden erhalten können. Sehr beeindruckt ist Thea nicht von Carls Versuchen, sie auf diese Weise, mit ärztlicher Autorität im Rücken, quasi hinterrücks, an sich zu binden und auf ihrem fortgesetzten Verständnis zu bestehen.

Beim Gedanken an Carls Rückkehr nach Dresden schüttelt sie die Angst. Wie soll es weitergehen? Hatte sie nicht klarsichtig noch kürzlich festgestellt, seine Haltlosigkeit *streift schon an das Katastrophale*? Als Sternheim Ende Juli zurückkommt, fällt er ihr schluchzend in die Arme und klagt über die *furchtbare Einsamkeit*, unter der er in Uttwil gelitten habe. *Ich fühle,* so Theas Tagebuch, *seinen fürchterlich erregten Zustand aber auch seine Absicht mich dadurch noch tiefer an ihn zu ketten.*

Inzwischen ist sie innerlich bereit, sich nicht nur von ihrem Mann weiter zu entfernen, sondern auch ihrer Liebe zu Frans Masereel zu entsagen, sie in eine gleichmäßige, beherrschbare Zuneigung übergehen zu lassen, die nicht mehr schmerzt. Dennoch immer wieder Momente, da sie Carl verehrt – als Dichter, als Schöpfer einer *prachtvollen Sprache, voller Orgelton des Empfindens.* Carl hat ihr im August seine Erzählung über Vincent van Gogh und Paul Gauguin vorgelesen. Da weiß sie genau, das ist etwas Bedeutendes. Dafür hat sie ihn immer geliebt. Warum, so fragt sie sich bewegt, macht er es ihr *so schwer, an seinem Guten teilzunehmen.*

Die beiden Kinder, inzwischen neunzehn und sechzehn Jahre alt, machen sich mittlerweile selbstständig.

Mopsa nimmt das Angebot des Regisseurs Gustav Hartung an, als Assistentin des Bühnenbildners an den Städtischen Bühnen Köln anzufangen, während Klaus nach London geht, um sein Englisch zu perfektionieren. Die junge Frau weiß frühzeitig, in welche Richtung ihr Berufsweg sie führen soll. Klaus dagegen ist unschlüssig, hat keine konkreten Pläne, möchte am liebsten einmal *Privatier* werden, keinem geregelten Beruf nachgehen. Es beunruhigt vor allem die Mutter zu sehen, dass der Junge nicht wirklich etwas mit sich anzufangen weiß.

Im September 1924 finden sie, nach längerem Suchen, endlich einen Käufer für den „Waldhof" bei Dresden. Große Erleichterung. So können sie wieder in ihr geliebtes Uttwil am Bodensee ziehen. Anfang Oktober sind sie da. Der prachtvolle Herbst, die strahlende Sonne dieser südlicheren Landschaft besänftigt und gibt ihnen wieder Hoffnung. Aus Brüssel bekommen sie nun sogar einige Schätze ihrer Kunstsammlung zurück, die während des Krieges beschlagnahmt worden waren. Thea hat Pläne gezeichnet für den Umbau des Hauses, den ein Architekt ausführt. Noch einmal also ein Haus mit Carl – warum? Weiß sie nicht um die zerstörerische Kraft ihres Zusammenlebens?

Er kommt ihr jetzt oftmals noch kränklicher, noch schutzbedürftiger vor. Und das Schlimmste: Er klammert sich an sie, im mentalen, aber auch im ganz körperlichen Sinne. Abends kommt er manchmal in ihr Bett, schlotternd, zitternd. Er sucht Trost, Wärme, Geborgenheit, will geliebt werden. Thea macht sich klar, dass die erotische Anziehung längst erstorben ist. Doch was er ihr einmal bedeutet hat, was sie einander waren, kann sie nicht vergessen. Sie bittet Gott, ihr die Stärke zu geben, diesen Mann *über den Körper hinaus als Seele zu lieben.* Sternheims *bei jeder Gelegenheit angewandte Rechthaberei*, sein Beharren, seine Selbstüberhebung machen zuweilen das Auskommen mit ihm schwer. Dennoch richten sie sich wieder zusammen ein. Bei einem abendlichen Spaziergang am Seeufer sieht Thea Sternschnuppen fallen, sie zählt die Zahl sieben und wünscht sich *siebenmal eine kleine Weile des Friedens*.

Ende des Jahres eine gemeinsame Reise nach Paris. Dort verbringen sie den Jahreswechsel. Doch der Ehefrieden ist fragiler denn je. Zuvor, ab November, waren sie in Berlin, Sternheim hatte Verhandlungen mit seinem neuen Verleger Gustav Kiepenheuer zu führen. Thea trifft sich mit ihrer älteren Tochter Agnes, die sich hier zur Opernsängerin hat ausbilden lassen und eng mit dem Dirigenten und Komponisten Berthold Goldschmidt befreundet ist. Und am 18. Dezember 1924 findet in den Kammerspielen die Premiere von Sternheims Stück *1913* statt, in seiner eigenen Regie, Bühnenbild und Kostüme von der Tochter Dorothea. Viel Lob für ihre Arbeit. Für die ganze Familie ein besonderer Höhepunkt. Gemeinsam sitzen sie in der Theaterloge. Die Aufnahme allerdings ist nicht ungeteilt, es gibt auch Pfiffe. Doch wie immer, wenn es um seine Arbeit geht, steht Thea fest an Carls Seite, ist ganz für ihn da.

Sie wohnen im „Adlon", äußerlich könnte alles wie früher sein. Doch weit gefehlt. Sternheim ist gegen jedermann gereizt, ein latentes Misstrauen waltet, als wollten ihn alle betrügen. Der Frieden hält nicht lange. Die guten Vorsätze Theas, jeglichen Anlass zu Missmut bei Carl zu vermeiden und allem aus dem Weg zu gehen, was ihn reizen könnte, werden nicht belohnt. Im Tagebuch liest man den Stoßseufzer: *Die Veitstänze der Ehe als Gegenstück des Tanzes ums goldene Kalb und die Erniedrigung des Menschen ist eklatant.*

Paris aber verspricht jedes Mal eine festliche Wiederbegegnung. Jeder Aufenthalt in der Stadt hält das Treffen mit guten Freunden bereit. Die Museen, die Aura der Künstler, die sie schätzen, der Zauber der Seinemetropole, alles wirkt wie befreiend auf sie. Diesmal besuchen sie Picasso in seinem Atelier in der Rue de la Boëtie. Wie lange lieben sie seine Bilder schon. Seitdem sie seine *Demoiselles d'Avignon* erworben haben, gehört er zu ihren Favoriten. Das Atelier macht einen eher engen Eindruck, ein riesiger Weihnachtsbaum beansprucht Raum, mehrere Leute sind anwesend, und schließlich fährt auch noch Picassos kleiner Sohn mit seinem Rutschmobil dazwischen herum. Doch die Atmosphäre ist so, wie sie sie lieben. Sternheim berät sogar mit dem Maler, ob er die Ausstattung zu seinem Schauspiel *Oscar Wilde* übernehmen würde – wozu es dann jedoch nicht kommt. Auch Klaus ist mit den Eltern in Paris, verbringt seine Tage jedoch mit den eigenen Freunden. Später wird Thea den Kontakt zu Picasso vor allem in ihrer Pariser Exilzeit nie abreißen lassen. Als sie ihn im März 1943 wieder einmal in seinem Atelier aufsucht, erinnert sie sich jenes ersten Besuchs, zusammen mit Carl Sternheim: Wie sooft bei Begegnungen mit Prominenten erlebt sie ihren Mann plötzlich unsicher, eifersüchtig gar durch ihre Bewunderung für Picasso. Seine Egozentrik verbirgt diese Unsicherheit nur notdürftig.

In den Tagen um den Jahreswechsel ist das Licht so berauschend, dass sie beim Besuch der Masereels in Montmartre an die siebzig Aufnahmen macht, von Frans, von Pauline, von beiden zusammen. Doch die Ausstellung Masereels in der Galerie Billiet begeistert sie nicht so wie seine früheren Arbeiten. Frans Masereel hat das erwartet, wie er ihr gesteht. Er versichert sie seiner Liebe, wie das Tagebuch festhält. Doch eine leise Entfremdung zieht nun auch in ihre Beziehung ein. *Das alles ist ein trauriges Glück* – Thea wünscht, diese schwierige Station ihres Lebens bald überwunden zu haben. Es überfordert ihre Kräfte. Sie treffen sich noch ein paar Mal, doch beide ahnen, dass ihre Liebe keine Zukunft haben wird.

Über das folgende Jahr 1925 wissen wir nicht viel. In Thea Sternheims Tagebuch gibt es jetzt öfter größere

Lücken und auffällige Schwärzungen. Sie leben nun in Uttwil, was ihnen vertrauter und weit angenehmer ist als der „Waldhof". Die Bevölkerung hier erscheint ihnen grundsympathisch, sodass Thea sich gern mit den Leuten im Ort umgibt, mit ihnen plaudert und lacht. Carl Sternheim ist produktiv – es war die richtige Entscheidung, Deutschland erneut zu verlassen. Aber immerhin, er wird dort gespielt. Am 31. März hat sein *Oscar Wilde* am Deutschen Theater in Berlin Uraufführung. Das private Leben des Paares hingegen entbehrt auch jetzt nicht der Zuspitzungen und dramatischen Zwistigkeiten: *Demütigung. Streit. Versöhnung. Misstraun. Hoffnung* – in Theas Tagebuch genügen solche Stichworte, um sich die Berg- und Talfahrten ihrer Gefühle vorstellen zu können. Denn das Zusammenleben im *Häuschen*, also auf engem Raum, ist nicht leicht. Man kann sich nicht wirklich aus dem Weg gehen. *Es ist alles so kompliziert, so erschöpfend, so sinnlos.* Viele Zeilen geschwärzter Einträge deuten immerhin an, dass alles mehr als unerfreulich ist.

1925 wird aber auch der Kontakt zu Gottfried Benn wieder stärker, zunächst in Form des Briefwechsels. Benn schickt Thea mit einer sehr freundschaftlichen Widmung seine neuen Gedichte *Spaltung*. Sie ist beeindruckt. Wer in Deutschland, fragt sie sich im Tagebuch, mache solche Verse.

Wann immer Klaus zu Besuch kommt, hält das enge Verhältnis zwischen Mutter und Sohn ihr seelisches Gleichgewicht aufrecht. Auch wenn er ihr später viel Schmerzen bereiten wird, hängt sie doch mit einer fast unvernünftigen Liebe gerade an ihm. Er bleibt ihr *ewig der kleine Junge, der Letztgeborene, das bezaubernde Wesen, das er mit zwei Jahren war.* Die Schönheit des Kindes hat sie damals immer wieder zu wahrer Begeisterung hingerissen. Fotos, die sie von ihm macht, zeigen, mehr noch als Mutterliebe, die Emphase, die sie gerade in die Beziehung zu ihm hi-

neinprojiziert: der Sohn als derjenige, der ihre Liebe –
im Gegensatz zum Vater – ohne Vorbehalt, ohne Vorbe-
dingung zurückgibt. Die Erinnerung an die Tage vor und
nach der Geburt des Sohnes überfällt sie wieder, als Sternheim sich ins Münchner Hotel zurückzog, um vor Unruhe
und Kindergeschrei geschützt zu sein: Klaus ist der, *den ich
ohne Hoffnung auf Karl aber im vollen Glauben an meine Liebe
getragen habe.*

Thea schreibt, begünstigt durch die relative Ruhe des
Uttwiler Daseins, wieder an ihrem Manuskript *Anna*. Am
1. Februar 1926 vermeldet das Tagebuch die Befriedi-
gung und *Hochlust*, weiterschreiben zu können. Aber am
Nachmittag sieht Carl das früher Geschriebene durch –
und kanzelt sie brutal ab. Seine Argumente jedoch, mit
denen er ihr einreden will, dass es nichts taugt, beweisen
ihr nichts. *Ich wäre die letzte starrköpfig auf eine falsche Fortent-
wicklung meines Buches zu verharren: aber da* ich *doch das Buch
schreibe, kann es doch kein récit à la Maupassant werden.* Sie will
das ausdrücken, was sie selbst erfahren, was sie wirklich
empfunden hat. Ihr Stil ist, natürlich, ganz anders als der
seine. Doch er misst ihren Text an seinen eigenen Aus-
drucksmitteln. Kränkt sie bis zu Tränen. Die Demütigung
ist unausweichlich. Es gelingt ihr aber, sich zurückzuhalten
und einen Eklat zu vermeiden. Künftig lehnt sie es dann
bewusst ab, ihr Manuskript weiter von Sternheim begut-
achten zu lassen.

Was sie längst weiß, bestätigt sich einmal mehr, auch
wenn sie über literarische Werke anderer Autoren miteinander sprechen: Er verfällt dabei *in einen Taumel des Größenwahns, nichts neben sich gelten lassend, alles was nicht Karl
Sternheim ist, auslöschend.* Sie solle, versucht er ihr klarzumachen, endlich begreifen, dass sie selbst nichts schaffen
könne, solle begreifen, dass der Mittelpunkt ihres Lebens
in jedem Falle sein Werk sei. Und als Gipfel wirft er ihr vor,
ihr Geschmack in Kunstfragen habe sich *deplorabel gewan-*

delt: Literatur zu beurteilen, stünde *nicht dem Laien, sondern nur dem Mann vom Handwerk, also nur ihm zu*. Offenbar will Carl Sternheim um jeden Preis verhindern, dass seine Frau ebenfalls als Schriftstellerin hervortritt.

Eine Reaktion der Eifersucht? Sieht er Thea gar als Konkurrentin? Das wohl nicht. Carl Sternheim ist noch immer ein erfolgreicher Autor. Viel eher ist es die Angst, sie könnte eine eigenständige Existenz haben außerhalb seiner Welt und unabhängig von ihm. Sie hätte durch ihr Buch etwas, das ihr wichtiger wäre als sein Werk. Dies ist einer der Momente, in denen Thea Sternheim zu erkennen beginnt, dass sie ihm menschlich überlegen ist.

Die Spirale der Emotionen dreht sich höher und höher. Sternheim wird mehr und mehr zu einer Zumutung. Hatte der jung Verliebte ihr einmal in ihrer ersten Zeit geschrieben, *Du bist die Inkarnation der Freude für mich auf Erden*, ist davon nun nach den Jahrzehnten nichts mehr übriggeblieben. Das alles kostet Thea mehr Kraft, als viele glauben. Bisher galt sie als die Starke neben dem Mann, den sie stützen und ermutigen, ja den sie beschützen musste, wann immer seine Nerven geschwächt waren. Und das waren sie beinahe ihr ganzes gemeinsames Leben lang. Die Bitterkeit, die durch Carls Verhalten in ihr keimt, hinterlässt Spuren auch in ihrem Gesicht. Thea Sternheim ist jetzt in einem Alter, in dem sich nicht mehr alles wegstecken oder mit Energie überspielen lässt. Ihr Mut, es dennoch bewältigen zu können, bekommt deutliche Risse. Die dramatischen Zuspitzungen im Alltag werden stärker, die harmonischen Spaziergänge am See nach Romanshorn immer seltener. Noch fühlt sie sich wie eh und je für die Familie und deren Zusammenhalt verantwortlich. Aber mit dem Flüggewerden der beiden Kinder verändert sich das.

Doch auch ihn, Carl Sternheim, beschäftigt das Verhältnis zu den Kindern, zu ihren Plänen, ihren Freundschaften. Als Dramatiker interessiert ihn die junge Generation, die, wie er meint, verkommen ist und ohne Perspektiven. In Wahrheit war es ja die Generation der Väter, die durch den verheerenden Weltkrieg und damit den Untergang des alten Europa die eigene Stellung auf katastrophale Weise untergraben hat. Nichts ist in diesen ersten zwei Jahrzehnten des neuen Jahrhunderts so sehr beschädigt worden wie die väterliche Autorität – der noch seine und Theas Altersgefährten unterworfen waren. Damals war, gerade in gutbürgerlichen Familien, was der Vater sagte, Gesetz. Das alles gibt es nicht mehr. Und es fällt Carl Sternheim nicht leicht, das anzuerkennen. Er schreibt in den beiden folgenden Jahren in Uttwil zwei Dramen, die diese Problematik umkreisen: *Die Schule von Uznach oder Neue Sachlichkeit* und *Die Väter oder Knock out*. In kaum verschlüsselten Rollen kommen darin seine eigenen Kinder und deren Generationsgefährten vor. Im Dezember 1925 nämlich ist er zum ersten Mal Pamela Wedekind begegnet, der Tochter des einst von ihm so bewunderten Dramatikers Frank Wedekind.

Der ganze Freundeskreis von Mopsa tritt plötzlich in sein Blickfeld. Mopsa, Erika und Klaus Mann, die Geschwister, die als die exaltierten „Dichterkinder" von sich reden machen, freunden sich miteinander an. Sie besuchen sie öfter in Uttwil am Bodensee. Zu diesem Zirkel gehört auch Pamela Wedekind, die sich zunächst mit Klaus Mann verlobt hat. In seinem Lebensbericht *Der Wendepunkt* wird Klaus Mann sie später alle porträtieren und ihnen, nach den Jahrzehnten, die sie getrennt hatten, Gerechtigkeit widerfahren lassen. So heißt es über Mopsa, sie sei eine „Künstlerin von bedeutenden Gaben, dazu ein warmherziger, mutiger und liebenswerter Mensch: eine der ganz wenigen von den alten Freunden, denen ich mich heute noch verbunden fühle". Mopsa hatte damals die Dekorationen für sein zweites Stück geschaffen, *Revue zu vieren*, in der er mit seiner Schwester Erika, deren Ehemann

Gustaf Gründgens und seiner Verlobten Pamela Wedekind in Leipzig auftrat. Denn im Juli 1926 hat Erika Mann zur Überraschung aller den jungen Schauspieler Gründgens geheiratet – obgleich doch im Grunde alle wissen, dass die beiden Frauen ein Paar sind. Erika hat die Geliebte dazu eingeladen, will ihren Beistand, denn, so schreibt sie ihr: „Es ist doch, bei allem, AUCH ein rechter Schock für mich, und wenn Du bei mir bist, kann nichts mir etwas anhaben. [...] Halt es, wie Du willst, Prinz Wunderhold, und bete in jedem Fall ein bisschen für mich." Pamela aber wird an der Hochzeitsfeier nicht teilnehmen.

Ein Stückchen Skandal, um die Aufmerksamkeit der Presse zu erlangen, ist in jedem Falle gut. Doch diese Künstlerkinder wollen vor allem eins: sich ausprobieren, die Welt erobern, ihre Grenzen ausreizen. Und natürlich auch provozieren. Denn die Welt der Väter – so vorteilhaft deren berühmte Namen für die Heranwachsenden auch sind – muss ihnen veraltet erscheinen und verworfen werden, um das Eigene dagegenzusetzen. In ihrem Freundeskreis werden die seltsamsten Beziehungen gelebt, starke Zu- und Abneigungen inklusive. Nach dem Zweiten Weltkrieg wird es übrigens Gustaf Gründgens sein, der zum ersten Mal wieder Carl Sternheim auf die Bühne bringt: im Mai 1946 am Deutschen Theater Berlin mit einer Inszenierung seines Stücks *Der Snob*.

Thea sucht wie sooft Trost, Festigkeit, Sicherheit in der Literatur. Sie liest vor allem die zeitgenössischen französischen Autoren, entdeckt das Werk von Marcel Proust, liebt den Dichter André Gide. Wenn sie nicht die innere Ruhe hat, an *Anna* zu arbeiten, widmet sie sich – auch dies eine literarische Arbeit – Übersetzungen aus dem Französischen, etwa der Werke von André Maurois oder Gide. Ihn hat sie während einer ihrer Reisen in Paris kennengelernt und eine freundschaftliche Beziehung angeknüpft.

André Gide wird fortan ein verlässlicher Freund für Thea sein und, was keiner zu diesem Zeitpunkt bereits ahnen kann, einmal zur Rettung der Internierten aus dem Lager Gurs beitragen.

In der Folge werden Sternheims neue Stücke in Hamburg und Mannheim uraufgeführt, mal mit mehr, mal mit weniger Erfolg. Trotz allem bleibt in den Zwanzigerjahren auch für Carl Sternheim Berlin das Zentrum des deutschen Theaters schlechthin. Dort hatte seine Karriere begonnen, und nach Berlin kommen alle, die etwas erreichen wollen in der Kunst. Golden waren die Zeiten nicht, politisch und sozial sind die Jahre der Weimarer Republik eine katastrophale Zeit. Die politischen Kräfte polarisieren sich immer mehr. Jeder bekämpft jeden, und die einfachen Leute haben Mühe, sich durchzubringen. Der anwachsende Sog des Nationalsozialismus ist nicht mehr zu übersehen. Der Gegensatz zwischen der in Blüte stehenden Kunstszene – ob in Literatur und Theater, der Malerei, dem jungen Medium Film, im Tanz oder Kabarett – und der politischen Zerrissenheit dieser Jahre ist eklatant. Carl Sternheim leidet darunter wie nur irgendeiner. Für ihn, der zu seiner Wirksamkeit als Theaterautor die Bühnen braucht, steht alles auf des Messers Schneide. Er fühlt sich herausgefordert und überfordert zugleich. Der Wechsel zwischen Hochgefühl und Enttäuschung zerrt an ihm und macht ihn kaputt. Trotz allem, so glaubt er, ist die Rückkehr nach Berlin folgerichtig für ihn als Dramatiker. Im Deutschen Theater und in den Kammerspielen laufen noch immer seine Satiren *Aus dem bürgerlichen Heldenleben*. Ja selbst ein Spielfilm nach der *Hose* wird gedreht, mit bekannten Schauspielern wie Jenny Jugo als Luise und Rudolf Forster als Scarron. Der Erfolg ist für Sternheim lebenswichtig. Doch gerade das verschärft auch die Spannungen. Berlin ist aggressiv, aufgeladen, hektisch. Seine Nerven sind dieser ständigen

Anspannung nicht gewachsen. Eine Krise, stärker als die bisherigen, bahnt sich an. Im Grunde ist seine große Zeit vorbei. Die eingängigen Figuren aus der Gründerzeit sind passé: Jetzt ist eine andere Epoche. Keine Zensur verbietet mehr ein Sternheim-Stück; seine „bürgerlichen Helden" provozieren nicht mehr. Sie haben sich erledigt. Wer heute für Furore auf den Bühnen sorgt, ist ein vollkommen anderer Dramatiker der nächsten Generation. Sein Name: Bertolt Brecht.

1926 halten sich die Sternheims selten zur selben Zeit am selben Ort auf. Ist er in Berlin, bleibt sie in Uttwil. Oder sie sind, wie im Februar, beide in Berlin, aber in verschiedenen Hotels, sie im „Hotel am Zoo", er im „Adlon". Die Freudlosigkeit ihres Zusammenseins zeigt sich nun auch nach außen. Selbst in Zeiten, in denen der Alltag scheinbar harmlos verläuft, haben sie sich *nur noch Banalitäten* zu sagen. So, wie sie in den ersten Jahren ihrer Liebe aufeinander zugetrieben wurden, treibt etwas sie jetzt unaufhaltsam auseinander. Dennoch schreibt sie auch jetzt wieder Manuskripte von ihm in die Maschine, hilft ihm, wo er ihre Hilfe braucht. Doch unüberhörbar gesteht sie sich ein, dass ihr Interesse an seinen Schriften nachgelassen hat; über seine *Lutetia* spricht sie nur von einem *eitlen Buch*. Ganz trostlos klingt am 27. Januar der Eintrag im Tagebuch: *Reicht man ihm einen Finger wird er ein böser Wolf, fletscht die Zähne, packt aus, schleudert Vorwürfe gegen mich. „Ich, die ich das Glück hätte an der Seite eines Mannes wie er zu leben ..."* *Da breche ich ab. Noli me tangere!* Nur sich selber gesteht sie ein, sie wolle mit ihm nichts mehr zu tun haben.

Wie um sich zu behaupten, schreibt Thea gerade in diesen Tagen an *Anna* weiter. Diese Seiten sind wie eine schützende Haut, die sie um sich spannt. Einmal im Streit, der harmlos begonnen hat, aber wie soft bei Sternheim schnell grundsätzlich und verletzend wird, gehen beiden die Nerven durch: Thea wirft in blinder Wut eine Tasse nach ihm. Er fordert sie daraufhin auf, *„aus seinem Haus"* *zu gehen.* Sie verhärten sich gegeneinander. Beinahe nichts scheint noch möglich in ihrem Zusammensein. Was tun?

Carl Sternheims schon pathologische Erregtheit macht ihm in diesem Jahr stark zu schaffen. Seine instabile Gesundheit nimmt einen breiten Raum ein. Zu deren Verbesserung trägt nicht eben bei, dass er sich angewöhnt hat, abends bei Tisch eine ganze Flasche Burgunder zu trinken. Carl ist jetzt, notiert Thea im Tagebuch, *das, was man* *einen erledigten Menschen zu nennen pflegt.* Sie nimmt sich fest vor, sich die Situation ihres Lebens mit ihm vollkommen klarzumachen, damit nicht später einmal, wenn es um schwierige Entscheidungen gehen wird, sentimentale Rücksichten sie wieder schwankend machen. Die Einsicht ist desaströs: Sein Zustand ist derart, dass man ihm ein klares Urteil über das eigene Befinden nicht mehr zutrauen kann. Und Thea erträgt es auch nicht, dass sogar im Zusammensein mit ihren Kindern immer und immer wieder nur über ihn, Sternheim, gesprochen wird – so, als gäbe es sie selber gar nicht: Selbst Klaus, ihr Liebling, beginnt, wenn er sie besucht, sofort mit dem Lamento vom Ärger über den Vater: *„doch bringt Pappas Wesen mich so aus* *jeder Fassung, dass ich davon ganz zerrüttet bin ...",* hält sie die Worte des Sohnes im Tagebuch fest. Nein, sie will es nicht mehr hören. Ist traurig und enttäuscht.

In Berlin wird jetzt Gottfried Benn, der in der Belle-Alliance-Straße 12 seine Arztpraxis für Haut- und Geschlechtskrankheiten betreibt, für Thea Sternheim zu einer wichtigen Bezugsgröße. Überhaupt werden es in den folgenden Monaten und Jahren zwei Männer sein, die sie gerade in der schwierigsten Zeit unterstützen: Neben Benn ist es Siegfried Adler, der Rechtsanwalt und alte Freund in München. Er hat Thea bereits bei der Trennung von Löwenstein zur Seite gestanden, und er wird ihr mit seinem sachlichen, vernünftigen Rat der denkbar beste Rechtsbeistand bleiben.

Zunächst wird Gottfried Benn der behandelnde Arzt Sternheims. Thea, die sich um alles kümmert, ist beeindruckt von Benns Taktgefühl, von seiner Zurückhaltung, ja *Ritterlichkeit*. Ohne sein Wohlwollen, das sie mit großer Dankbarkeit aufnimmt, hätte sie diese Wochen in Berlin nur schwer überstanden. Wenn Carl zu ärztlicher Untersuchung in Benns Praxis bestellt ist, bittet er Thea, ihn zu begleiten. Ihm ist elend genug zumute. Nach einer schlaflosen Nacht gesteht Sternheim seiner Frau, *dass er als erster und in viel intensiverem Maass als ich die Ausstrahlungen seines Grössenwahns verfluche.* Einer der seltenen Momente der Klarsicht. Er hat, das ist offensichtlich, selber Angst davor, was auf ihn zukommen kann. Denn er sieht nicht zuletzt an seinem Sohn Carlhans, der in der Nervenheilanstalt lebt, was aus ihm werden könnte. Dann fühlt Thea ein *grenzenloses Mitleid* mit ihm. Nur weiß sie inzwischen aus langer Erfahrung, dass solche Erkenntnisse bei ihm nicht von Dauer sind.

Am 3. März 1926 will Dr. Benn eine Blutabnahme bei Sternheim machen, um sich über das Krankheitsbild mehr Klarheit zu verschaffen. Für alle drei ist die Situation verfänglich, ist es doch nicht jedermanns Sache, einen guten Bekannten als Arzt zu haben. Benn, im weißen Kittel, gibt für Thea und Carl ein ungewohntes Bild ab, *um ihn das Dekor des Arztes für Geschlechtskrankheiten*. Alle drei lachen, um die Befangenheit zu lösen. So versuchen sie über die Peinlichkeit der Situation hinwegzukommen. Und Benn gibt den Arztwitz zum Besten: „Die Frau im Haus erspart den Wassermann!" Der Begriff „Wassermann" aber, das wissen sie schon, spielt auf den Arzt August von Wassermann an, der eine Methode zum Nachweis der Syphilis aus dem Blutserum entwickelt hat. Die Anzeichen sind virulent. Für Carl Sternheim geht es jetzt

Thea Sternheim in Uttwil, 1926

um viel. Denn noch immer ist die Syphilis eine beinahe unheilbare Krankheit, die Behandlung in jedem Fall mit argen Risiken verbunden.

Wenige Tage später kommt Benn in Theas Hotel, um sie allein zu sprechen. Die Blutprobe sei im Ergebnis doch nicht so eindeutig negativ ausgefallen, wie er selber ursprünglich glaubte – indem er die erste Diagnose eines Münchner Arztes anzweifelte. Man müsse also weitere Untersuchungen anstellen. Eine alte, nicht ausgeheilte Erkrankung könne durchaus vorliegen und für die Symptome bei Sternheim verantwortlich sein. Thea Sternheim vertraut Benn vollkommen, sowohl als Arzt wie als Menschen. Zwischen beiden besteht eine tiefe Sympathie. Sie können völlig frei miteinander reden, über seine Arbeit, über ihre gemeinsamen Interessen an der Literatur. Thea notiert im Tagebuch: *Vielleicht selbst durch Benn zu neuem künstlerischen Aufschwung angekurbelt.* Das Anregende, ja Vertraute in ihren Gesprächen, das sich bereits damals in Belgien im vierten Kriegsjahr andeutete, setzt sich jetzt in der Berliner Gegenwart intensiv fort.

Im April wird dann durch Benn und einen weiteren Arzt bei Carl Sternheim eine Lumbalpunktion vorgenommen. Benn bemüht sich sehr um Carl, fühlt sich der Familie verpflichtet. Endgültige Klarheit über die Krankheit bringt auch diese Untersuchung nicht. Es wird ihm ärztlicherseits eine mehrwöchige Kur in Baden empfohlen.

Immer, wenn Thea in diesem Frühling und Sommer in Berlin ist, trifft sie mit Gottfried Benn zusammen. *In meinem Leben*, notiert sie am 25. Mai 1926 im Tagebuch, *fand ich keinen zarteren, pagenhafteren Mann als Benn es im Tête à tête dieses Morgens ist.* Der Gegensatz zwischen ihm und Carl Sternheim ist so offensichtlich wie nur irgendetwas. Sie befürchtet nur insgeheim, Sternheim könnte durch seine unberechenbare Art auch ihre freundschaftliche Verbindung mit Benn belasten, gar zerstören. Doch etwas anderes beunruhigt Thea zusätzlich: Mopsa, die Tochter, liebt Gottfried Benn und verstrickt sich in eine nahezu ausweglose psychische Situation, denn ihr starkes Gefühl wird nicht erwidert. In den Briefen, die Benn und Thea in diesen Monaten wechseln, erklärt sie ihm, sie werde sich strikt heraushalten aus dieser Beziehung ihrer Tochter. Mopsa leidet unter der Ausweglosigkeit ihrer Lage. Bis in die Jahre nach dem Zweiten Weltkrieg wird diese unerwiderte und dadurch auch unbewältigte Liebe sie begleiten. Die Kinder, wenn auch inzwischen erwachsene Menschen, machen Thea nicht weniger Sorgen als zuvor. Auch die Zukunft von Klaus ist ungeklärt und bleibt ein permanenter Unsicherheitsfaktor. Er bemüht sich, als Redakteur in die Ullstein-Presse zu kommen oder als Lektor zu Rowohlt. Hinzu kommt die Angst, sie könnten, wie viele ihrer Gefährten, rauschgiftsüchtig werden.

In diesen Monaten wird aber endlich die Beziehung zu ihrer älteren Tochter Agnes wieder enger. Jedesmal, wenn Thea nach Berlin kommt, sehen sich Mutter und Tochter. Das gegenseitige Vertrauen, die Zuneigung werden stärker. Nach der Scheidung von Löwenstein waren die Kontakte zu Agnes lange Zeit streng reglementiert und überwacht. Selbst der Briefwechsel des heranwachsenden jungen Mädchens zur Mutter wurde vom Vater und seiner neuen Frau genauestens kontrolliert. Das hatte über Jahre ein natürliches Verhältnis zwischen ihnen erschwert. Jetzt aber, mit ihrer erwachsenen Tochter, erfährt Thea das Glück einer entspannten und zunehmend vertrauensvollen Nähe. Agnes, genannt Nucki, so schreibt sie einmal an Benn, sei ihr *von den drei Kindern das selbstverständlich nächststehendste*.

Den Sommer 1926 verbringen sie weitgehend im schönen Haus in Uttwil. Mehrfach sind Klaus und Erika Mann zu Gast, kommen mit dem Schiff von Friedrichshafen über den Bodensee. In ihrem Gefolge Pamela Wedekind, ein Jahr jünger als Erika und Mopsa. Bei gemeinsamen Spaziergängen am Seeufer nach Romanshorn macht Thea ihre Beobachtungen, bemerkt ihre *betont lesbischen Allüren*. Immerhin, es ist die Zeit der Frauenbewegung. In den Großstädten beginnt sich längst eine emanzipatorische Entwicklung durchzusetzen, der gerade die jungen intellektuellen Frauen anhängen. Sie wollen heraus aus den Beschränkungen und Einengungen, denen noch ihre Mütter unterworfen waren. Vor allen Dingen wollen sie anders sein, anders als die Eltern. Diese junge Generation bekennt sich, anders als die Generation der Väter und anders eben als Thomas Mann selbst, offen zur Homosexualität. Thea nimmt bei den *drei Dichterkindern* Erika, Pamela und Mopsa die *betont männliche Aufmachung* wahr. Erika Mann trägt mit Vorliebe, wie die Freundin auch, statt femininer Kleidung das streng geschnittene Herrenhemd mit Krawatte. Pamela hantiert dazu mit der Reitpeitsche. Man lacht gemeinsam darüber – und ist doch etwas irritiert. Nicht zuletzt ist die Homosexualität in dieser Zeit beinahe etwas Modisches geworden. Man empfindet das, ob zugegeben oder nicht, durchaus als schick. Es ist der bewusst ausgestellte Gegenentwurf zu den Älteren. Thea Sternheim bleibt die kühle Beobachterin: Die jungen Frauen sind klug, schlagfertig, interessiert an allem Neuen. Und doch stellt sich zwischen ihnen kein wirklicher Zusammenhang her, nicht einmal der Wunsch, notiert Thea, nach echtem gegenseitigem Verstehen.

Carls Zustand bleibt weiterhin in der Schwebe. In Zürich konsultiert er wieder seinen alten behandelnden Arzt Professor Monakow – der ihm nun auch noch, zu allem übrigen, von jeder geistigen Beschäftigung abrät. Er solle sich erholen. Im August fährt er nun wirklich ab, will endlich ans Meer. Die Luftveränderung, so hofft auch Thea, werde ihm gut tun. Doch wenn sie ihn ansieht, krampft sich ihr das Herz zusammen: *Karl reist wie einer, der seine Hinrichtung antritt, via Zürich, Köln nach Scheveningen.* Noch rechnen alle mit baldiger Besserung, auch wenn die Ärzte

meinen, Sternheims Nervenerkrankung sei ein Familien-
erbe. Manchmal schon hat Thea in seinen bei Verzweif-
lungsausbrüchen verzerrten Zügen das Gesicht seiner
Mutter erkannt. Und neue Sorgen macht auch der Sohn
Carlhans, der aus seiner Behandlung geflohen ist und sich
weigert, in die Nervenklinik zurückzukehren.

Anschließend genießt sie die ruhige Zeit in Uttwil.
Sie verbringt einige sommerliche Tage mit ihrem Sohn –
der allerdings noch immer nicht weiß, was er mit seinem
Leben anfangen will. Am liebsten, so notiert die ratlose
Mutter, würde er in Barcelona ein Restaurant eröffnen,
zum Stierkampf gehen und ansonsten in der Sonne liegen. Was, so muss sie sich fragen, ist da schief gelaufen?
Eines Tages kommt, zusammen mit anderen Bekannten,
Henry van de Velde zum Tee – heute ein unglücklicher,
enttäuschter Fünfundsechzigjähriger. Die großen Hoffnungen seiner besten Jahre in Weimar und später auch in
Brüssel haben sich zerschlagen. Auch an seinem Weg wird
deutlich, dass eine Epoche zu Ende gegangen ist. Und was
die politischen Beziehungen zwischen Deutschland und
Belgien anbelangt: Er wagt sich kaum durch Deutschland
zu fahren, um seine in Mecklenburg verheiratete Tochter
zu besuchen und seine verwandtschaftlichen Beziehungen
nach Deutschland zuzugeben. Deshalb reist er über die
Schweiz. Nationale Hetze schlägt ihm in seiner eigenen
Heimat entgegen.

Carl Sternheims Stück *Die Schule von Uznach* wird im
September 1926 im Deutschen Schauspielhaus Hamburg
uraufgeführt; danach kommt es in Köln und Mannheim
auf die Bühne und schließlich im April 1927 in Berlin,
wo wiederum Mopsa die Kostümgestaltung übernommen
hat. Unter den Mitwirkenden ist die junge Schauspielerin
Pamela Wedekind – nicht zuletzt deshalb wird es endlich
wieder ein Erfolg für den Dichter.

Am 1. April feiern sie zusammen Sternheims neun-undvierzigsten Geburtstag – ein letztes Mal in Familie. Er ist bereits in Berlin, und zur Premiere kommt auch Thea dazu. Wieder einmal wohnen sie im „Adlon". Doch nachdem Carl am Abend schlafen gegangen ist, berichten Mopsa und Klaus ihr erregt von des Vaters Verhalten wie *ein Wahnwitziger*. Die beiden verlangen praktisch von ihr, für den Fall ihres Todes vorzusorgen und sie finanziell gegenüber Sternheim abzusichern. Mit einem Stich im Herzen empfindet sie das *übertünchte Grab der familiären Beziehungen*. Es scheint alles kaputt zu sein. Auch das Band zwischen Carl Sternheim und seinen Kindern. Wie im Märchen vom Hans im Glück hatte ihr gemeinsamer Weg begonnen: Am Anfang lag da ein Goldklumpen in ihren Händen, und immer mehr von diesem Glück ist ihnen geradezu zwischen den Fingern zerronnen, bis schließlich nur noch Bitterkeit übriggeblieben ist.

Zurück in Uttwil, Mitte April, werden Theas Gallenkoliken immer unerträglicher. Eines Morgens wacht sie auf und ist ganz gelb im Gesicht. Als das Fieber steigt, sie die Schmerzen nicht mehr aushalten kann, bringt Carl sie ins Sanatorium Büdinger nach Konstanz. Die Ärzte stellen eine Gallenblasenerkrankung fest und raten zur Operation. Aber die Uttwiler Bauern geben einen anderen Ratschlag: Sie solle ihren Ärger nicht länger in sich hineinfressen, genau davon käme die Krankheit. Stattdessen solle sie mit der Faust auf den Tisch hauen und alles aus sich herauslassen – nur so werde eine Besserung eintreten. In die Klinik schreibt ihr Carl einen liebevollen Brief, der, liest man ihn ohne Vorkenntnisse, den Eindruck einer völlig intakten Ehe erweckt: *Mein geliebtes Süßes, ich bin wie ohne Arme und Beine ohne Dich und fühle Deinen ganzen elenden Zustand mit. Das kommt davon, wenn man länger wie zwanzig Jahre wie wir zusammenlebt. Du arme Gelbhaut, ich hoffe von Herzen, daß*

Du es dort gut getroffen hast und daß Du einigermaßen so voll Liebe an mich denkst wie an Dich Dein alter Freund in den cynischen Fährnissen der beschissenen Jetztzeit. Hünni. Das sind schöne Worte. Doch die Realität sieht zumeist anders aus.

Das Jahr setzt sich fort in einem ständigen Zustand der Unsicherheit, die alles unterminiert. Ende Mai verunglückt Mopsa bei einem Motorradunfall, ein zersplitterter Knochen, sie ist schwer verletzt. Im Kantonsspital Münsterlingen wird sie operiert, muss aber mehrere Wochen liegen. Thea besucht sie oft und hofft, dass die Tochter ihr nicht entgleitet. Die Serie der Unglücke reißt nicht ab. Einmal teilt das Dienstmädchen im Uttwiler Haus Thea am Telefon erregt mit, sie solle sofort nach Hause kommen, Sternheim wisse nicht mehr, was los sei. Er sei durcheinander, vergesse alles. Und manchmal werde er auch aggressiv gegen sie. Am 1. September 1927 hält Theas Tagebuch den Stoßseufzer fest: *Karl, das ist ein Schweben über Abgründen!* Sie versucht zu beschreiben, wie sehr ihr Zusammenleben, das Auf und Ab aller Emotionen, zerstörerisch wirkt. Mal ist er *frech* gegen sie, vollkommen respektlos, dann wieder *liebesbedürftig* wie eine junge Näherin, schließlich auch wieder *rechtschaffen*, immer aber *eitel wie nur Carl Sternheim eitel zu sein vermag.* Ihr Verhältnis ist nicht mehr im Lot zu halten. Jeder Tag kann unvorhersehbare Überraschungen bringen. Das Unberechenbare wird zum ständigen Begleiter ihres Daseins.

In der folgenden Woche sind sie zunächst gemeinsam in Berlin. So haben sie am 10. September eine Unterredung mit dem Direktor der Reinhardt-Bühnen Dr. Robert Klein. Es geht um André Gides Drama *Saül* in der Übersetzung von Thea Sternheim. Das Stück soll zwar für den Herbst 1928 angenommen werden, der Vertrag wird dann jedoch nicht zustande kommen. Erst nach dem Krieg findet die deutsche Uraufführung 1948 im Schauspielhaus Hamburg statt. Auch Mopsa hält sich nach ihrer Genesung in Berlin auf und sitzt abends lange mit der Mutter im Hotel zusammen, die traurig notiert, die Tochter sei *unendlich vom Leben enttäuscht*. Und auch Klaus, der nicht weiß, was beruflich aus ihm wird, verändert sich in diesen Monaten gefährlich. Seiner Schwester gegenüber wird er oft barsch und unfair. Ist anmaßend auf eine unangenehme Weise. Weshalb nur, fragt sich Thea im Tagebuch, musste sich das *einst so engelhafte Kind* in eine so ganz unerwartete Richtung, *zu einem gefräßigen Ich* entwickeln? Wird er, wie sein Vater, ein ausgewiesener Egomane werden? Sie will ihren Einfluss auf Mopsa und Klaus nicht völlig verlieren. Möchte ihnen helfen, endlich ihren eigenen Platz im Leben zu finden. Ist sich bewusst, dass die Disharmonie im Verhältnis der Eltern nicht ohne Auswirkungen auf deren Charakterbildung und ihr Seelenleben bleiben konnte. Wie soll es nur weitergehen mit den Kindern?

Während Carl Sternheim noch in Berlin ist, kehrt Thea an den Bodensee zurück und schreibt ihm am 22. September einen langen, grundsätzlichen Brief – aus dem dringenden Bedürfnis heraus, Klarheit zwischen ihnen zu schaffen und die Grundlagen ihres Zusammenlebens zu ordnen. Es sei auch für sie hart, von diesen Dingen zu reden, doch komme es ihr loyaler vor, sie auszusprechen, als ständig ungeklärt vor sich herzuschieben und dadurch ihr Verhältnis nur weiter zu beschweren. Sie habe in den letzten Jahren, gesteht sie ihm, *Angst vor Deiner Auffassung von dem Verkehr zwischen Mann und Frau bekommen, eine Angst, die sich hin und wieder zur Zwangsvorstellung steigert.* Es geht um schwerwiegende, zuweilen auch nur um scheinbar banale Vorkommnisse. Für das Zusammenleben jedoch sind sie bedeutsam. So hat Sternheim, als er sich in ärztliche Behandlung begeben muss und Thea vom Arzt aufgefordert wird, 200 Mark als Sicherheit für ihn zu deponieren, gänzlich unangemessen gegen die Höhe der Summe protestiert. Thea muss jedes Mal klärend eingreifen. Nun wirft sie ihm vor, sonst bei jeder Gelegenheit an nichts zu sparen, was seine Person betrifft, stets in den besten Hotels zu wohnen usw., hier aber völlig unverständlich zu reagieren. Sie ist entsetzt und fühlt sich vor dem Arzt brüskiert. So etwas dürfe kein zweites Mal passieren. Aber Beispiele lassen sich viele anführen. Resümierend teilt sie ihm mit, sie möchte niemals in finanzielle Abhängigkeit von ihm geraten. Dieser Gedanke macht gerade ihr, die sie ja ursprünglich das Vermögen in die Familie gebracht hat, wirklich Angst. Deshalb will sie ihre Verhältnisse überschaubar machen und fordert den Zustand der Gütertrennung, wie es ihr Vater einst als Voraussetzung ihrer Erbschaft festgelegt hat. Sie befürchtet aber für den Fall, dass Sternheim etwas zustoßen sollte, finanziell das Schlimmste. Für eine solche Situation will sie sich absichern. Außerdem verlangt sie von Carl die Zusicherung, dass sie mindestens zwei Monate des Winters in Ruhe mit ihren Kindern verbringen könne, und zwar ohne jede Drohung Sternheims: *daß es also nie mehr heißen wird „Ich oder die Kinder!"* Eine solche Drohung hat sie stets als wahre Zumutung empfunden, als widernatürlich, zumal er ja der Vater dieser Kinder ist. Schließlich teilt sie ihm mit, sie schreibe diesen Brief mit der Schreibmaschine, um Mopsa und Klaus eine Kopie übergeben zu können. So möchte sie die gemeinsamen Kinder gewissermaßen als Zeugen gewinnen, damit es *nicht nachher heißt, ich hätte dies oder jenes getan.* Und schlägt vor, dass beide, er und sie, je die Hälfte zum Haushalt und zum Unterhalt der Kinder beisteuern. Erkennbar ist Thea Sternheim bemüht, sich abzusichern für eine bereits voraussehbare Zukunft, in der Carl Sternheim ein kranker Mann ist. Sie will vor allem eine sachliche und saubere Gütertrennung, nach der wie früher ihr und nicht ihm die Verfügung über ihr Geld zusteht. Als gebranntes Kind hat sie gerade in letzter Zeit erfahren müssen, wie Sternheim ihr zuweilen die Dinge im Mund umdreht, offenkundige Fakten vertauscht und so die Lebensgrundlagen gefährdet. Thea versichert ihrem Mann, wenn er dieser Lösung zustimme, werde sie ihr Möglichstes tun, um ihm sein Leben angenehm zu machen. Noch also ist nicht von einer Trennung die Rede. Sie will nur Sicherheit. Sich selber aber gesteht sie im Tagebuch die Angst ein, *das Geschwür unseres lügenhaften Zusammenlebens aufzuschneiden.* Wird sie es schaffen, diese verworrene Situation mit genügend Selbstbeherrschung anzugehen? Es ist kein unbedachter Brief, vielmehr einer, der klar ausspricht, was sie anstrebt. Carl Sternheim antwortet ihr darauf postwendend. Der Schlagabtausch beginnt.

Auch er schreibt nun mit Schreibmaschine, um *eventuell* den Kindern eine Abschrift zukommen zu lassen, obgleich, wie er meint, sie die Dinge zwischen ihnen nichts angingen. Der Ton des Briefes ist so verworren, dass der Inhalt schließlich nicht verwundern kann: *Dein Schreiben, daß mich vor der Abreise nach Deutschland als Phänomen berührt hätte, ist für mich reichlich weniger aufregend, weil ich als allgemein neue Erscheinung hier vor Ankunft Deines Briefes die Emanzipation der Frau von vierzig Jahren in Konkurrenz mit dem jungen Mädchen, der Nutte in voller Blüte fand, die zu dem die europäische Mentalität reichlich ermüden habendes Problem der Entfesselung der Heranwachsenden auf den gleichen Erfolg wie diese kaum rechnen kann, nichtsdestoweniger aber in jeder Ehe ausgefochten werden muß.*

Schmerzlich ist für mich vor allem die Wahrnehmung, daß ich Dich, die ich seit 20 Jahren an der Ausbildung einer eigenen Persönlichkeit zu sehen glaubte, von Gruppeninstinkten, die jetzt hier das allgemeine Gespräch sind, hingerissen finde, und es ergibt sich, zwar nicht aus den für Dich zu deponieren gewesenen 200 Mark, aber aus obigen Zeitumständen die Gewißheit, Du hast mit Deinem bisherigen Respekt für das Wesentliche Besondere gebrochen und Dich für den persönlichen Wettkampf und Deine Geltung im Leben der Zeitgenossen entschlossen. Was Deine Behauptung ausschließt, Du wärest in Zukunft noch bereit, Eigenschaften an mir

zu schätzen, die Du sonst in der Welt nicht findest. Den Gegen-
satz Deiner Behauptung wirst Du einem logisch Gebildeten nicht
plausibel machen, sondern ich habe in letzter Zeit festgestellt, daß
Du selbst unter den Einfluß Deines Leidens statt vom Normativen
wie bisher, vom Normalen ganz besessen bist, und es in Deinem
äußeren Leben an der Seite der Dir im gleichen Ziel Nahestehen-
den jetzt verherrlichen willst.

Das ist Deine ganz persönliche Angelegenheit, die Du erleben
mußt. Ich selbst habe damit nicht und keinen Zusammenhang,
und billige, wie Du weißt, in meinen Werken Deinen heutigen
Standpunkt nicht, kann ihn aus Gesetzen meines dichterischen
Wirkens nicht billigen. Aber da Dein Entschluß Dich an dem
Kreuzzug der erwachsenen Frau unter Verzicht auf die Mitarbeit
am Werk Carl Sternheims felsenfest steht, so muß geschehen, was
Du in Bezug auf Deinen regelmäßigen Aufenthalt in Berlin vor-
schlägst.

Auch daß Du im Prinzip über Dein Vermögen, das in keiner
Weise mehr zur Sicherung meines Werkes mitbeitragen soll, ver-
fügst. Auch dieser letzteren Sache, die unter Deiner oben geschil-
derten neuen Einstellung plausibel ist, stimme ich also durchaus
zu und wir wollen die Angelegenheit nach meiner Rückkehr an
der Hand der Unterlagen sofort erledigen. Mit Grüßen – Hünni.

Aus diesen Zeilen spricht die Verletzung von Carls empfindsamer Psyche. Doch ist er ganz Abwehr. Und pure Beleidigung. Kein Gedanke daran, dass seine Frau im Recht sein könnte. Vielmehr versucht er, ihre Argumente ins Lächerliche zu ziehen, indem er sie darauf reduziert, sie wolle aufs Pferd der Frauenemanzipation aufspringen, gerade noch, bevor sie zu alt dafür werde – etwas also, das doch nur jungen Frauen zustünde. Wenn einem Mann nichts mehr einfällt, wirft er der Frau ihr Älterwerden vor.

Es lässt sich nun nicht mehr leugnen: Carl Sternheim ist ein kranker Mann. Thea kontert mit ihrem Brief vom 26. September und ist darin gar nicht kleinlaut. Was er über die Emanzipation der Frau von vierzig Jahren sage, sei ihr so frappant, dass dadurch sogar die Frau für die Frau interessant werde. Was allerdings die Nutten betrifft, von denen er schreibe, *kannte ich deren in meinem Leben zu wenige und immer nur durch ihre entstellende Beziehung zu Dir.* Sie ist weit davon entfernt, seine Entgleisungen demütig hinzunehmen. Eines vornehmlich wirft sie ihm zurück: seine beleidigenden Äußerungen über ihre Persönlichkeitsbildung. Von der Ausbildung ihrer eigenen Persönlichkeit in ihrer Ehe allerdings könne keine Rede sein. Lange Zeit, vielleicht zu lange, habe sie durch Geduld und durch Anpassung an seine Gewohnheiten sich zurückgenommen und untergeordnet. Sie hält ihm sogar zugute, dass er vieles nicht aus Bosheit gegen sie getan habe. Doch die Ursache liege grundsätzlich in einer falschen Perspektive, mit der er ihre Stellung zu ihm betrachte. Sternheim fordert von allen und zuallererst Respekt für seine Person, seine Leistung. Und gerade das ist es, was sie beklagt: Seine übergroße Ichbezogenheit, die von überallher Anerkennung seiner herausgehobenen Position erwartet. Wer die nicht aufbringt, wird von Carl Sternheim immer als gegen ihn eingestellt denunziert. Zu Recht moniert sie solche überzogenen Formulierungen wie die „Gesetze meines dichterischen Wirkens", die, zumal im Dialog mit der Ehefrau, einfach nur fehl am Platz wirken.

Thea Sternheim legt in diesen und den folgenden Briefen den Finger in die Wunde von Sternheims Selbstüberhebung. Eine klare Erkenntnis seiner eigenen Situation als Theaterautor in der Welt der deutschen Literatur bringt er nicht auf. Natürlich hat sie, das wird sie nie verleugnen, in Carl Sternheim immer zuallererst den Dichter geliebt. Doch je weiter ihr eigenes, selbstständiges Denken sich entwickelt, desto stärker stellt sie die Diskrepanz zwischen seinem übergroßen Selbstwertgefühl und der tatsächlichen Wirkung fest. In ihren Lebenserinnerungen resümiert sie auf erschütternde Weise und ohne alle Illusionen den Zustand ihrer Ehe im Jahr 1927: *Nichts ist mehr da, was uns zusammenschlösse. Alles ist unterminiert, ausgelaugt, bis an die Grenzen des Statthaften erniedrigt.* Da scheint alle Zuversicht aufgebraucht. Und dennoch: Wie viel muss zusammenkommen, bis der Punkt erreicht ist, ein gemeinsames Leben aufzugeben? In diesen Wochen sieht sie sich selber manchmal im „Waldhof" sitzen, allein, wenn Sternheim bei den Proben in anderen Städten ist. Klaglos meistert sie den schwierigen Haushalt, die Lebensmittelknappheit, die dauernden Sorgen. Aber schon damals, und dann immer wieder, die Frage, die sich nicht mehr abweisen lässt: Wollte sie so leben?

Vorläufig hält sie noch an ihrer Gemeinschaft fest. Mahnt vor allem Kameradschaft an, so wie er ihr bei ihrer Heirat versprochen hat, stets ihr Kamerad zu sein. Dann werde sie, versichert sie ihm, auch selber ihre Ehre einsetzen, ihm ein noch besserer Kamerad zu bleiben. Würde er jedoch *diktatorisch* werden, *so sei gewiß, daß meine Bockigkeit Deinen Mussolinigelüsten die Stange hält.* Einmal, als Thea Anfang November Carl von der Schiffsanlegestelle in Romanshorn abholt, sieht sie alle dunklen Gedanken der letzten Wochen in seine Züge eingeprägt. Da wird ihr schlagartig bewusst: Sie ist jetzt die Stärkere von beiden. *Dass ich meinen Weg fortan ohne Karl zu gehen habe, ist klar.* Sie bleibt dem eigenen Anspruch treu.

Im Herbst des Jahres 1927 wird für alle, die Augen haben, sichtbar, wie Sternheim um Pamela Wedekind wirbt. *Armer Mann*, denkt Thea bei sich und weiß, die Rolle des weltgewandten, erfolgreichen Künstlers, die Carl jetzt unter Aufbietung aller Kräfte vor der jungen Frau spielt, kostet ihn eine unglaubliche Anstrengung. Und die dürfte er sich bei seinem Gesundheitszustand keinesfalls leisten. Es passt so gar nicht zu seiner Lage, wenn er den Draufgänger spielt. Jahre später wird sie einmal im Tagebuch die Frage aussprechen: *Weshalb giert vor allem der zu kleinster Hingabe Unfähige so nach dem Liebesbeweis des anderen?* Gleichzeitig macht sie sich, je öfter Carl im Gespräch Pamela Wedekind erwähnt, durchaus bewusst, dass es für ihn eine Chance bedeuten könnte, wenn ihm von einer jungen Frau aufrichtige Sympathie entgegengebracht wird. Er könnte sich dadurch wieder stärker ans Leben gebunden fühlen. Die Zeiten, in denen sie Carls unstetes Herz allein zu besitzen wünschte, seien nun ein für allemal vorbei, hält ihr Tagebuch fest.

Auf getrennten Ufern

Die Anspannung ist bis zum Zerreißen aufgeladen. Nun sind sie an einem Punkt angelangt, wo nichts mehr geht. Mann und Frau stehen auf getrennten Ufern. Und haben sich doch einmal so sehr geliebt! Es bleibt nur eine Lösung: die Trennung.

Am 21. November 1927 ist Thea wieder in Berlin, nimmt erneut im „Hotel am Zoo" Quartier. Carl kommt, und wie ihr Tagebuch die Begegnung festhält, sagt alles über ihn: *Der scheint von Berlin total aufgerieben. Wie er mich küsst, ähnelt das eher der Umklammerung eines Schiffbrüchigen an das Rettungsboot, als einer Begegnung zwischen Mann und Frau.* Nicht ohne Mitgefühl, doch mit scharfer Beobachtungsgabe stellt sie fest: *So sieht kein Mensch aus, der an Leib und Seele befriedigt ist.* Thea Sternheim hat so viele Zugeständnisse gemacht, so viel Nachsicht geübt, so lange Geduld gehabt. Aber jetzt kommt der Moment, in dem sie sich selber zu schade ist für die ewige Fortsetzung. Jetzt kommt das Ende dieser *gräßlichen Anpassung.*

Eine Familienszene: ihr Geburtstag am 25. November 1927. Der Schauplatz: das „Adlon" am Pariser Platz mit dem mondänen Ausblick auf das Brandenburger Tor. Die Kulisse dessen, was gleich geschehen wird, steht im denkbar schärften Gegensatz zur Eleganz des Nobelhotels. Mittags geht Thea mit den Kindern Agnes und Klaus ins „Adlon". Sternheim logiert dort. Kommt auf sie zu, grüngelb im Gesicht. Sieht aus wie ein Gespenst seiner selbst. Beschreibt nur eingehend seinen *lamentablen Zustand.* Einen Glückwunsch für seine Frau bekommt er nicht zustande. Sie hat den Eindruck eines vollkommen in Auflösung befindlichen Menschen. Agnes erinnert ihn während des Essens dezent an den Geburtstag ihrer Mutter. Noch gehen sie alle von Vergesslichkeit aus. Noch immer könnte er es ja mit ein paar guten Worten wettmachen. Doch er kontert nur, er habe an Wichtigeres zu denken.

Eine Lappalie? Vielleicht. Aber der Tropfen, der das Fass zum Überlaufen bringt.

Da ist auch bei Thea die Selbstbeherrschung am Ende. Sie empfindet das alles nur als ekelhaft. So sagt sie ihm diesmal, auch vor ihren erwachsenen Kindern als Zeugen, ohne Rücksicht ins Gesicht, was sie über ihn denkt. Jetzt kann sie ihr Herz nicht mehr zum Schweigen zwingen. Die jahrelangen Demütigungen schlagen in eine Angriffsgeste um. Leichenblass steht Sternheim auf und geht. Kommt später noch einmal zurück, will einlenken. Doch nun ist es zu spät. Als der Furor in ihrer Ehe am größten ist, hat sie die innere Ruhe, die Trennung zu beschließen. Thea notiert am Abend in ihr Tagebuch: *Ich fühle: Ich bin über die Grenze!* Und in einer Redewendung ihres geliebten Französisch: *La Bastille est brise!*

Fühlt sie sich befreit durch diesen Schritt? Äußerlich gesehen ein Befreiungsschlag, natürlich. Doch sie ahnt in diesen Tagen noch nicht, wie lange und wie intensiv sie weiterhin für Carl Sternheim wird da sein müssen. Die Tränen laufen ihr nun doch übers Gesicht, aber, wie sie sich bestätigt, keine Tränen des Bedauerns: *Ich gebe nichts auf, ich werfe nur etwas ab, was längst verwest ist!* Sie macht sich Mut, so wie einst als ganz junge Frau, da sie den Entschluss fasste, ihr Leben in die eigenen Hände zu nehmen, auch gegen den Widerstand des Elternhauses.

Jetzt gilt es, die Scheidung einzureichen. Und sie ist Katholikin! Da verbietet sich die Ehescheidung eigentlich. Doch wieder steht ihr jemand hilfreich zur Seite, der ausgerechnet aus dem Katholizismus kommt: In einer Kirche in der Königgrätzer Straße befragt sie einen Pater, ob sie, vom katholischen Standpunkt aus, das Recht habe, sich scheiden zu lassen, sich freizumachen aus einer erloschenen Ehe. Und das Erstaunliche trifft ein: Er unterstützt sie in ihrer Gewissensnot. Sagt ihr, sie habe in diesem Falle nicht nur das Recht, sie habe sogar die Pflicht gegen sich selbst, gegen ihre Kinder, *vielleicht gegen ihn*. Um nicht selber in diesen Strudel des Untergangs gerissen zu werden. Für Thea Sternheim, die ihre Religiosität nie völlig abgeworfen hat, ein entscheidender Beistand.

Carl Sternheim gerät für einen Augenblick in Gefahr, durch diesen Schritt den Boden unter den Füßen zu verlieren. Aber – da ist Pamela Wedekind. Von ihr erwartet er, ebenso vergöttert zu werden wie früher von Thea. Er braucht so nötig wie sonst nichts eine Frau, die ganz für ihn da ist. Und wider alles Erwarten: Sie tut es. Pamela wird diese Rolle annehmen. Sie wird die Frau an seiner Seite.

Wer bisher noch nichts von Thea Sternheims Entschluss ahnt, ist Mopsa. Sie hat gerade die Dekorationen für *Die Schule von Uznach* am Wiener Theater in der Josefstadt entworfen. Am Morgen des 1. Dezember kommt sie aus Wien nach Berlin und erfährt nun von ihrer Mutter, was sich abgespielt hat. Abends notiert Thea im Tagebuch, Mopsa führe *einen Veitstanz der Glückseligkeit auf, hängt an meinem Hals, beisst, kneift, schlägt wie ein Fohlen aus*. Diese überbordende Begeisterung beweist, etwas ist hier falsch. Auch Klaus hat auf ähnliche Weise sein absolutes Einverständnis mit ihr geäußert. Da erschrickt sie nun doch als Mutter: Die rigorose Reaktion ihrer Kinder zeigt schließlich auch, wie viel in der Familie aus dem Ruder gelaufen ist. Thea fragt sich, ob sie nicht ihre mütterlichen Pflichten vernachlässigt und ihrem Mann, zuungunsten der Kinder, in ihrem Leben zu viel Raum zugestanden habe. Mussten Mopsa und Klaus beinahe zwangsläufig auf den Vater eifersüchtig werden, der ihre Mutter in allen Phasen der Ehe ganz allein für sich beansprucht und die gemeinsamen Kinder oft genug beiseite geschoben hat? Ein unverkrampftes Verhältnis zwischen ihnen und dem Vater hat es viel zu selten gegeben.

Beinahe verrückt muss es deshalb anmuten, wenn Carl Sternheim am 15. Dezember 1927 an seine Tochter schreibt: *Liebes Kind, gieb einliegenden Brief Deiner lieben Mutter und versuche ihr ähnlich zu werden./ Stets/ Dein Vater/ Carl Sternheim.* Ausgerechnet sie beauftragt er jetzt mit der Überbringung seines Abschiedsbriefes und macht sich gar nicht klar, wie sehr Mopsa dabei selber verletzt ist. Muss es ihr nicht wie ein Hohn vorkommen, wenn er sie in dem Augenblick, als alles auseinanderbricht, auffordert, so zu werden wie ihre Mutter?

Thea muss sich nun, nach ihrer heroischen Entscheidung, sehr zusammennehmen. In der Nacht, als sie Carls Brief liest, packt sie der ganze Jammer. Was haben sie zusammen durchgemacht! Wie oft hat sie, schon fast zum Bruch entschlossen, sich ihm wieder zugewandt. Auf einmal, angesichts der ungewohnt zärtlichen Worte ihres Mannes, fühlt sie sich ergriffen von ihrer einst so großen Liebe zu ihm. Im Tagebuch steht am 19. Dezember: *Ich möchte zu ihm; ich glaube fast, was in diesem Brief steht.* Und spürt doch gleichzeitig, sie kann den eigenen Gefühlen nicht mehr trauen. Nun weint sie die ganze Nacht. Ist aufgerührt bis ins Innerste: *So ist der Mensch! Ein paar Phrasen werden gemacht und wir glauben schon wieder!* Wenn sie nicht aus ihrer frühen Bindung an den Katholizismus wüsste, wie verführbar man ist, ja auch sie selber – durch Worte, durch Versprechungen, schon durch ein Zeichen menschlicher Güte. Doch ist ihr Gewissen auch so wach, um die *furchtbaren Jahre* nicht zu vergessen: *Nein – nicht dahin zurück!* Sie will nicht mehr der Spielball Carl Sternheims sein.

Augenfällig aber ist der Unterschied in der genauen Wortwahl, mit der sie Carl Sternheims Abschiedsbrief in ihrem Tagebuch kopiert. Wie sooft, wenn ihr ein Schriftstück sehr bedeutsam ist, schreibt sie den Brief Satz für Satz ab. Nur heißt es bei ihr: *Carl Sternheims Werk ist ohne Deine Existenz undenkbar und Deine fraulichen Ergebenheit und menschliche Güte waren in diesem Jahrhundert ohne Beispiel,* während im Originalbrief Sternheims, wie er in der Briefausgabe wiedergegeben wird, stattdessen von ihrer *fraulichen Erhabenheit* die Rede ist. Nur ein Fehler beim Abschreiben? Oder doch eine bewusste Umdeutung? Denn die „frauliche Erhabenheit" kann nur eine stolze und selbstbewusste Frau meinen, während „frauliche Ergebenheit" so ziemlich das Gegenteil bedeuten würde: eine Ehefrau, die sich dem Mann unterordnet, ihm in Liebe ergeben ist. Darüber kann man spekulieren, klären wird man es nicht gänzlich. Deutlich aber wird, in dieser Gegenüberstellung, der Unterschied des weiblichen und des männlichen Blicks – letztlich eine Frage der Perspektive. Gerade dies hat Thea ihrem Mann jüngst erst vorgehalten.

Wenn sie einen Augenblick zu sich selber kommt, wird ihr bewusst, was sie in den vergangenen fünfundzwanzig Jahren durchlebt hat: Himmel und Hölle einer Ehe. Alle Ereignisse rasen jetzt mit einer verwirrenden Geschwindigkeit vor ihr ab. Denn die Scheidungsverhandlung vor Gericht liegt da bereits hinter ihr: Man hat sich auf München als Gerichtsort geeinigt, da dort im Juli 1907 auch die Eheschließung stattgefunden hatte. Am 16. Dezember muss sie in München sein. Ihr Rechtsanwalt Dr. Siegfried Adler erklärt ihr in einem dringenden Telegramm, ihre Anwesenheit beim Gerichtstermin sei erforderlich. Carl Sternheim war von Theas Wahl ihres Rechtsbeistands erst nicht begeistert, weiß er doch, wie sehr Adler sie verehrt und ihr seit der Jugend mit allem, was in seiner Macht steht, beigestanden hat. Doch schließlich zeigt er sich einverstanden, zumal es ja seine Entscheidung nicht ist. Er selbst hat sich den Rechtsanwalt Karl Loewenstein gewählt, der jedoch nicht mit Theas erstem Ehemann verwandt ist.

Sie ist, verständlicherweise, sehr aufgeregt, ehe sie nach München fährt. Doch schon auf dem Weg zum Bahnhof fällt alle Angst von ihr ab. Während sie im Zug nach München sitzt und hinausschaut in die winterliche Landschaft, hat sie das Gefühl, als weite sich die Welt für sie. Nun kann sie die ewige Anpassung abstreifen, die sie sich in ihrer Ehe so lange auferlegen musste. Möchte jetzt die Lust auskosten, die dieser endgültige Entschluss in ihr freisetzt. Die Bangigkeit, vor Gericht erscheinen zu müssen, ist plötzlich nicht mehr so groß.

In München nimmt sie ein Zimmer im Hotel „Excelsior". Zwar schläft sie nicht lange, ist aber ruhig. Fährt am nächsten Vormittag fünf Minuten vor elf Uhr im Taxi zum Gericht. Adler, der sie ungeduldig erwartet, konstatiert: „Eine Frau kommt selbst zur Scheidung zu spät." Die Verhandlung unter Ausschluss der Öffentlichkeit beginnt praktisch sofort. Thea ist beeindruckt, denn eine solche Szenerie erlebt auch sie zum ersten Mal: die Anwälte, die Richter in ihren schwarzen Roben. Sie wird nach vorn gerufen, ein Richter befragt sie und liest ihr ein von Carl Sternheim verfasstes und von Pamela Wedekind mit unterschriebenes Schriftstück vor, die Einwilligung in die Scheidung. Auf die letztendliche Frage, ob sie sich ihren Entschluss doch noch überlegen wolle, antwortet sie: *Ausgeschlossen.* Alles geht rasend schnell. Schon wird die Scheidung offiziell ausgesprochen. Die Formalitäten sind bald erledigt, die Unterschrift geleistet. Nun ist sie eine geschiedene Frau.

Pikanterweise ist der Rechtsanwalt Loewenstein, der Sternheim vertritt, der Geliebte von Tilly Wedekind, wie man sich erzählt. Sarkastisch könnte man beinahe sagen: Es bleibt alles in der Familie ... Und Dr. Adler, Theas Anwalt, strahlt im Bewusstsein seiner Leistung: Es hat alles in allem, wie er es ihr vorausgesagt hat, ganze zehn Minuten gedauert. Erleichtert bestätigt sie ihm auf seine vertrauliche Nachfrage, ob es denn nun schlimm gewesen sei: *Es war weiß Gott nicht schlimm, mein Freund.* Auf ihn hat sie sich in den diffizilsten Situationen ihres Lebens verlassen können. Zur Feier des Tages geht sie mit Adler in der berühmten „Odeon-Bar" essen und telegrafiert ihren Kindern – Klaus nach Paris, den Töchtern nach Berlin – den erfolgreichen Ausgang des Ereignisses.

Keinesfalls aber triumphiert sie nun. Die Grundstimmung ist eher traurig. Sie hat eine Passion hinter sich. Ein Brief des Freundes Frans Masereel bewegt sie besonders. Er kommt im rechten Augenblick, gerade als sie vom Gericht zurück ist: Er und Pauline seien sehr betroffen von der Nachricht der Scheidung, wie das nicht anders möglich ist, wenn zwei Menschen sich trennen, mit denen man befreundet ist. Doch sei es ihnen bewusst, dass das Leben für Thea, vielleicht schon seit langem, unerträglich gewesen sei. Masereel schätzt sie beide, hat zum Werk Carl Sternheims grafische Arbeiten beigetragen, doch zu Thea fühlt er von Beginn an eine Wesensverwandtschaft. So tut dieses aufrichtige Verständnis ihrer Lage ihr gut. Auch mit Anja und Franz Pfemfert ist sie in den Berliner Tagen öfter zusammen, der Zuspruch alter Freunde wirkt beruhigend auf ihr Gemüt. Denn aufgewühlt ist sie selbstverständlich noch immer. Anja Pfemfert bestärkt sie eindringlich in ihrem Entschluss, meint allerdings, im Grunde kommt er zwanzig Jahre zu spät.

Es gibt natürlich auch andere Sichtweisen. So von Eugenie Weise, der Jugendfreundin Theas und erster Ehefrau von Carl Sternheim, zu der es all die Jahre noch einen losen Kontakt gegeben hat, zumal aus der Sorge um den gemeinsamen Sohn Carlhans. Wenn Carl über sie sprach, war stets von *Eugenchen* die Rede. Thea zitiert auch diesen Brief von Mitte Dezember 1927 im Tagebuch: *Mit zitternden Armen und Beinen, mit einem rechten Elendsein und doch mit der starken Gewissheit, die Dir zuruft, Thealein, Müt-*

terchen, Freundin, zieh Deine Scheidung zurück, Du *gehörst zu Karl, Du bist seine richtige Gefährtin. Ich armseliges Dummerchen war nicht die Frau für ihn, deshalb war es gut, was damals geschah – dies damals alles in unserer Jugend. Aber heute, was kann Dich zu diesem Schritt verleiten?* Sollten es noch immer seine leichtsinnigen Frauengeschichten sein? Aber das sei doch kein Grund, *denn kein Mann gehört uns in diesem Punkt.* In der Pose der erfahrenen Frau, die ebenfalls zum zweiten Mal verheiratet ist, versucht sie ihr ins Gewissen zu reden, bei Carl zu bleiben. Sie beschwört sie geradezu, Sternheim zu Weihnachten wieder im gemeinsamen Heim aufzunehmen. Für sie gehören Thea und Carl untrennbar zusammen: *Ihr seid gute, gleichwertige Gefährten und Ihr habt diese herrlichen Kinder.* Es ist, als wolle Eugenie noch nachträglich dem Scheitern ihrer Ehe dadurch einen Sinn zugestehen, dass Thea die einzig richtige Frau für Carl Sternheim sei. Und dieser Sinn soll nun nicht am Ende noch zunichte werden, indem auch diese Ehe sich als unlebbar herausstellt. *Wir reifen Frauen,* schreibt sie schließlich, *lassen uns wegen der kindlichen Dummheiten der Männer nicht mehr scheiden. Und Karl ist kein böser Mensch. Sein Lachen sagt, wie er in der Tiefe seines Wesens gut ist. Deine grosse Persönlichkeit ist in ihm viel stärker als all die dummen Tändeleien.* Thea Sternheim kommentiert diesen Brief im Tagebuch mit keinem Wort, schreibt ihn allerdings ab bis zur letzten, rührenden Grußformel: *Lass dich mit viel Küssen beraten. Dein Genchen.* Er muss aber doch, gerade als die Äußerung einer Frau, die sie von früher Jugend an kennt, einen Eindruck auf sie gemacht haben. Kalt gelassen hat es sie nicht.

Vorläufig wohnt Thea in Berlin in der Holsteinischen Straße 24 in der Wohnung ihres Sohnes Klaus, der für einige Zeit nach Paris gegangen ist. Wenn er zurückkommt, muss sie sich etwas Eigenes suchen. In Berlin, in der Nähe ihrer Kinder, will sie aber doch bleiben.

Jetzt allerdings ist das frisch geschiedene Paar erst einmal damit beschäftigt, die praktischen Folgen der Trennung zu bewerkstelligen: Was geschieht mit der immerhin beträchtlichen Sammlung an Kunstwerken, was mit dem gemeinsamen Vermögen? Für Thea führt Rechtsanwalt Adler die vermögensrechtlichen Auseinandersetzungen, und das kann Sternheim nur schwer akzeptieren. Er fühlt sich übervorteilt. *Liebe Stoysi*, schreibt er ihr am 22. Dezember empört, *bist Du so krank, daß Du nicht mehr siehst, daß Scheidung und alles andere von Dir ausgegangen ist?* Adler ist für ihn schlicht *dieser von Dir besessene Kerl*, der schon ihre Vergangenheit zerstört habe und der ihm *durch sein bloßes Dasein in unsern Dingen eine schwere Psychose bereitet.* Ein böses Wort. Carl Sternheim kann einfach nicht anerkennen, dass der Wohlstand in ihrer Ehe von Theas väterlichem Erbe ausgegangen ist und dass letztlich er durch seine Großmannssucht Millionen verschleudert hat. Natürlich hat er mit seinen Theatererfolgen seit etwa 1912 durchaus sehr viel verdient. Aber das meiste davon ist ihm schnell in den Händen zerronnen. Stets hat er auf großem Fuß gelebt. Seine Garderobe, sein Lebensstil, seine Hotelrechnungen und ausgedehnten Kuren – es war nicht selten un peu de trop.

In seinem Abschiedsbrief an Thea räumt Carl ein, *als Mensch nicht angenehm* gewesen zu sein, ihr also das Leben oft genug schwer gemacht zu haben. Nun, nach der Scheidung, wird es beinahe zur Farce. Es folgt jetzt eine Auseinandersetzung mit harten Bandagen: *Liebe Stoysi*, beginnt ein Brief am selben Tag, dem 22. Dezember, *Adlers sinnloser Vorschlag ging dahin, Dir nicht nur das gesamte Bildereigentum zu geben, sondern mich darüber hinaus dadurch schwer zu verschulden, daß ich Dir eine Hypothek von M. 100 000 auf das Haus verschriebe, sie verzinste und zurückzahlte. So daß ich also zu seiner Freude mit 10 000 fr. Zinsen und 4 000 fr. Steuern auf dem Haus von vornherein mit 50 Jahren ein Lohnsklave sein sollte und er behauptet im Brief, daß Du das gutgeheißen hättest.* Carl ist verständlicherweise in dieser Sache ganz anderer Meinung und setzt ihr nun minutiös auseinander, wie er die finanzielle Lage sieht: *Das heutige Vermögen daß ich auf rund 730 000 M. schätze ist durch meine Tüchtigkeit hauptsächlich aus einem Kapital von höchstens M. 50,000 entstanden, dadurch daß ich Bilder zu kleinen Preisen, mit Zuschuß aus meinen Mitteln und das Haus in Dresden* gegen Deinen ausschließlichen Willen *für ein paar tausend Mark kaufte.* Plötzlich zeigt sich Carl Sternheim als kühler Rechner, der ganz genau weiß, welche Werte da sind: *Was die Bilder betrifft, so sind dieselben heute mindestens, wenn sie nicht verschleudert werden wert: 4 van Goghs 500 000 M. (für das kleine Selbstportrait bei Wacker wurden M. 90 000 geboten). 1 Gauguin 60 000 M (mindestens). Ich fände es nun die gerechte Basis, wenn Du aus den Bildern ein Kapital aus den 4 van Goghs und dem Gauguin von etwa 550000 Mark erhieltest, daß Du entweder alsbald bildetest, und daß Dir mindestens 28000 Mark Zinsen brächte, oder daß Du ein Bild nach dem anderen verkauftest (wie wir es ja auch hätten machen müssen) und mit den van Goghs, die täglich steigen so lange wie möglich wartetest. Den Rest der Bilder für etwa 80000 Mark behielte ich als gerechten Anteil. – Allerdings müssten von Deinen 550000 Mk 150000 für Klaus nach Deinem Tod sichergestellt sein, deren Zinsen Du aber selbstverständlich genießt.*

Sternheim unterbreitet ihr nun den Vorschlag, *dies oder ein ähnliches Abkommen zwischen uns in allernächster Zeit, wenn erst die Wogen der inneren Erregung gesänftigt sind, zwischen uns und dann rechtsgiltig vor einem Notar* zu schließen – ein Abkommen, *wie es Deiner und meiner Würde und einem unvergleichlichen Zusammenleben von 25 Jahren des großen Schriftstellers Carl Sternheim und seiner von ihm noch immer heiß geliebten Frau entspricht.* Das Haus in Uttwil will er behalten. *So würden auch die Kinder eine Familienstätte und Du behalten, falls Du doch noch einmal Lust bekommst, dem alten Hünni näherzutreten.* Nun, das hat sie nach diesem Schreiben mit Sicherheit nicht. Nicht einmal jetzt, wo zwischen ihnen alles auf dem Spiel steht, kann er darauf verzichten, sich als *großen Schriftsteller* herauszustellen. Wie muss das auf Thea wirken?

Immerhin beabsichtigt Carl Sternheim, finanziell für den Sohn Klaus zu sorgen, der noch immer keine berufliche Basis gefunden hat und weitgehend vom Geld der Eltern lebt. Seine Tätigkeit beim Drei Masken Verlag, wo auch einige Werke Sternheims erschienen sind, hat er bereits aufgegeben. Der erneute Versuch, sich als Filmschauspieler zu etablieren, ist ebenfalls gerade wieder gescheitert. Am Heiligabend 1927 fragt der Vater nach seinen weiteren Plänen und schreibt ihm: *Mit Mutti, die ganz in den Händen von den Mädchen und Adler ist, bin ich vorläufig ganz auseinander.* So suggeriert sich Sternheim, es sei hauptsächlich der Einfluss der beiden Töchter und des Rechtsanwalts, der Thea zu solcher Konsequenz ihres Handelns ermutigt, und nicht etwa ihr eigener freier Entschluss. Umso verwunderlicher scheint es, wenn Sternheim am 26. Dezember noch an seine Tochter Mopsa schreibt, dass er in den Wochen seines Berliner Aufenthalts *von allen Seiten so viel enthousiastische Zeichen der Liebe, des Respekts und bodenloser Hingabe gefunden* habe. Selbst seine erste Frau Eugenie Weise und ihr Gatte schätzten ihn über alle Maßen, als man jüngst zusammen speiste. Dagegen wird ihre Mutter Thea sogleich wieder denunziert: *Meine Frau, die vierundzwanzig Jahre mit mir gelebt hat und reichlich Zeit hatte, mich aus Praxis und meinem Werk ganz zu kennen, verläßt mich, wie Frau Kaufmann Müller ihren Mann verläßt.* Welch verheerende Wirkung diese zynische Herabsetzung ihrer Mutter auf Mopsa hat, macht er sich dabei gar nicht klar. In die Psyche seiner Kinder kann er sich kaum je hineinversetzen.

So geht das Jahr 1927 mit unschönen Gefechten zu Ende. Wie soooft in derlei Fällen geht es um nichts anderes als um Geld. Und hier geht es um sehr viel Geld. Die Schlagabtausch-Serie ist längst nicht zu Ende. Weihnachtliche Stimmung kommt da gewiss nicht auf. Am 30. Dezember schreibt Thea an Carl einen weiteren Brief, den sie allerdings zuvor Adler zur Einsicht geschickt hat. Darin geht sie akribisch auf seine Argumente ein und kann sie in den allermeisten Fällen parieren, ob es um die Höhe der Hypothek auf das Haus am Bodensee geht oder den Erwerb der wertvollen Gemälde. Sie erinnert erst einmal an die zwei Millionen Mark, die sie als ihr Erbe in die Ehe einbrachte. Aber auch an die Summen, die sie zur Begleichung seiner Schulden etwa an Max Reinhardt (50 000 M) und vor allem zur Verhinderung des geschäftlichen Ruins ihres Schwiegervaters Carl Sternheim sen. (340 000 M) aufgebracht hat. Da stehen sich zwei Auffassungen zur Vermögensfrage diametral gegenüber. Unerfreulich ist es allemal. So hält sie ihm zu Recht vor, dass die meisten Werte ihres Besitzes, etwa die Hypothek auf ihr Haus „Clairecolline" in La Hulpe, die Bilder, die Bibliothek, Möbel und kostbaren Teppiche durch ihr Verbleiben in Belgien gerettet wurden *und nicht durch Deine Flucht nach Holland*. Der Katalog der Auktion ihrer Bilder in Amsterdam während des Weltkrieges lautete denn auch, von ihm so angeordnet, auf „Sammlung Thea Sternheim". Die Mehrzahl der Gemälde aus ihrer gemeinsamen Sammlung wurde vor 1912 und also mit ihrem Geld erworben. Um nur noch ein Beispiel aus Theas Auflistung anzuführen: Ein Picasso war zwar von Carl Sternheim gekauft worden, dann aber, weil ihr das Bild besonders gefiel, *tauschte ich ihn mit Dir gegen den von Dir so geschätzten, mir bis dahin gehörenden Decamps und den von Dir mit meinem Geld für 3000 Flor. holl. erstandenen Delacroix*. Viele der Gemälde von Renoir, Matisse, van Gogh oder Géricault, so hält sie unmissverständlich fest, sind von ihrem Geld gekauft worden und gehören deshalb ihr. Was das Haus in Uttwil anbelangt, will sie ihm entgegenkommen und die vom Anwalt geforderte Hypothek deutlich verringern – allerdings unter der Bedingung, dass auch er sich an der Sicherstellung von Klaus nach dem Tod der Eltern beteiligt. Alle Möbel ihres Arbeits- und Schlafzimmers aus dem Uttwiler Haus möchte sie in jedem Fall zurück.

Erstaunlich mutet es in dieser aufgeheizten Atmosphäre an, wenn Thea im Tagebuch notiert: *Viele Gedanken an Anna. Gebete, dass ich auch dieses mir teuerste Kind austragen darf.* Das Buch, an dem sie schreibt, erscheint nun wie ein Rettungsanker. Zuweilen schien es schon beinahe aus ihrem Leben verschwunden zu sein. Doch in Wirklichkeit arbeitet es im Unterbewusstsein immer weiter in ihr, wächst und breitet sich aus. Es wird, so hofft sie ganz stark, ihr helfen, in diesen Wirrnissen nicht unterzugehen.

Carl Sternheim schreibt am 4. Januar 1928 zwei Briefe, den einen an seinen Sohn Klaus, der, ohne mit der Wimper zu zucken, weiterhin vom Vater den monatlichen Wechsel einfordert. Er ermahnt ihn, nicht länger wie ein Lebemann vom Geld anderer zu leben, sondern selber etwas für seine Zukunft zu tun. *Wenn Du ein Mann sein willst, handele endlich im obigen Sinn, u. wirke auch darauf hin, Deine Mutter und Schwester aus ihren tiefen Wahnvorstellungen zu befreien.* Klaus wird, obgleich seine Antwort nicht bekannt ist, von den unsensiblen Worten des Vaters nicht sehr beeindruckt gewesen sein. Der andere Brief geht an Thea. Da heißt es: *Meinen Standpunkt zu den Kindern habe ich Klaus heute dargelegt. Sie haben auch in meinen schlimmsten Nöten nicht die Spur Interesse für mich aufgebracht, gehören mir nicht, und Klaus hat seit einem Jahr keinen Schritt zur Arbeit unternommen.* Die Zerrissenheit der Familie könnte nicht größer sein.

Am selben Tag erfährt sie durch eine Notiz auf der Rückseite von Carls Brief, der ihr per Boten überbracht wird, dass er zusammen mit Pamela Wedekind im Hotel „Adlon" wohnt. Dennoch versichert ihm Thea auch jetzt, seine *Arabesque mit Pamela Wedekind* sei nur der sehr oberflächliche Grund für ihre Scheidung. Vielmehr war das ein

Haus „Clairecolline" in La Hulpe bei Brüssel, 1917

in langen Jahren gereifter Entschluss, der durch dieses neue Verhältnis nur endgültig ausgelöst wurde.

Schnell macht das Gerücht von der Verbindung Carl Sternheims mit Pamela Wedekind die Runde und wird begierig von der Presse aufgegriffen. Das *Acht-Uhr-Abend-blatt* bringt bereits am 27. Dezember eine sensations-lüsterne Meldung, die dem Boulevard alle Ehre macht: „Carl Sternheim heiratet Pamela Wedekind? Interessante Verbindung von *Frühlings Erwachen* zur *Schule von Uznach*. [...] In Bestätigung eines in Berliner Literaturkreisen ver-breiteten Gerüchts teilt das *Neue Wiener Journal* mit: In der Berliner Schriftsteller- und Theaterwelt bereitet sich eine kleine Sensation vor. Der Dichter Carl Sternheim wird sich mit Frank Wedekinds Tochter Pamela, die bekannt-lich als Schauspielerin in Berlin tätig ist, vermählen." Ist etwas dran an dem Gerücht? In jedem Fall ein gefundenes Fressen für die Journaille. Denn Carl Sternheim zählt noch immer zur Prominenz der Theaterszene.

Die Figur des Dr. Siebenstern, Leiter der Schule von Uznach, ist sein leicht erkennbares Alter Ego. Das Stück hatte im November 1927 bereits die fünfzigste Vorstellung in Berlin. Eine verräterische Szene darin sagt eine Menge aus über Sternheims Frauenbild: Nach einer längeren Spa-nien-Reise kehrt der Sohn Klaus zurück und kommt dem Vater gereifter, männlicher vor. Sie tauschen sich aus über die jungen Mädchen von heute:

Siebenstern: Ein schöner Bursche bist du geworden.
Klaus (lacht): Das sagt allenthalben Weiblichkeit auch.
Siebenstern: Hast du Distanz zu ihr?
Klaus: Dem Typ von heute gegenüber ist, Enthaltsamkeit zu üben, nicht schwer.
Siebenstern: Das junge Mädchen ist am schnell eroberten Platz im Leben überanstrengt, mürb, geschlechtlich abge-kämpft.

Und ausgerechnet Carl Sternheim alias Siebenstern will nun eins von diesen jungen Mädchen!

Die Scheidungsauseinandersetzungen ziehen sich hin, und sie sind beschämend, für beide Seiten. Nie hätten sie gedacht, dass sie sich einmal so sehr streiten würden um materielle Dinge. Auch die Kinder werden unweigerlich hineingezogen. Die Grunderfahrung, die Thea Sternheim im Zusammenleben mit Carl Sternheim machen muss, heißt: Ein Künstler ist ein Mensch, den man ersehnen, bewundern, verehren, doch mit dem man keine Ehe führen kann. Hat sie nicht in einer frühen Ahnung genau das vorausgesehen?

Im Januar 1928 sucht sich Thea mühsam ein Zimmer in Berlin. Das meiste ist zu geschmacklos, um ihr auch nur irgendwie ein Zuhause bieten zu können. Endlich findet sie etwas in einer Pension in der Meierotto-Straße, in der Nähe des Kurfürstendamms. Klaus kommt aus Paris zurück, und zwar in Begleitung attraktiver junger Männer, eines chilenischen Botschaftsmitarbeiters und des surrealistischen Schriftstellers René Crevel. Sie leben ihre homoerotischen Beziehungen. Crevel wird auch ein enger Freund Mopsas werden, sich allerdings schon 1935 das Leben nehmen. Thea versucht, ein einigermaßen normales Alltagsleben aufrecht zu erhalten, sich nicht abzukapseln. Außerdem besucht sie jetzt wieder regelmäßig die katholischen Messen. Selbst wenn die Berliner Kirchen ihr alle nicht wirklich gefallen, empfindet sie ein beruhigendes Glücksgefühl, sobald sie in die Liturgie eintaucht. Es ist die Kompensation für etwas, das sie verloren hat.

Mitte Januar kommt André Gide nach Berlin. Man veranstaltet für ihn feierliche Empfänge von offizieller Seite, es gibt literarische Soireen. Gide ist auch hierzulande ein gefeierter Dichter. Tilla Durieux, nach dem Tod Paul Cassirers mit dem Industriellen Ludwig Katzenellenbogen liiert, veranstaltet in ihrer schönen Wohnung ein Bankett, und sie liest vor den geladenen Freunden, ganz ohne Pathos, Gides Erzählung *Die Rückkehr des verlorenen Sohnes* vor, in der Übersetzung von Rilke. Unter den Gästen außerdem der Dichter Ernst Toller, der Regisseur Erwin Piscator, der Kunsthändler Alfred Flechtheim, die Schriftstellerin Helene von Nostitz, die junge Autorin Ruth Landshoff, die mit Mopsa befreundet ist. Thea ist froh, in einem solchen Kreis guter Bekannter aufgehoben zu sein. In jenen Tagen sieht man Gide oft in Begleitung der noch immer schönen Thea Sternheim, sodass mancher schon darüber munkelt. Beinahe täglich nimmt Gide sie mit zu den Proben der Bühnenfassung vom *Verlorenen Sohn* ins Komödienhaus. Doch es ist eine literarische Vertrautheit, die beide verbindet. Als Mann hat André Gide sie nie interessiert.

Eine wichtige Bezugsperson wird nun auch der Franziskaner Pater Franziskus Maria Stratmann. Ihn hat sie kürzlich in Berlin kennengelernt, ihm vertraut sie, mit ihm sind anregende und tiefgehende Gespräche möglich über Gott und die Welt. Über Letztere vor allem, denn Pater Franziskus ist genau so ein überzeugter Pazifist wie sie – der Nestor der katholischen Friedensbewegung. Er gründet den „Friedensbund Deutscher Katholiken". Durch ihn wird sie fortan auch hier einen Kreis Gleichgesinnter finden. In ihren schwierigsten Tagen, Ende November 1927, vertraut sie ihm an, dass sie sich von Carl Sternheim scheiden lassen will. Mit seinem tief menschlichen Verständnis hilft er ihr sehr. Bei ihm legt sie die Generalbeichte ab.

In diesen katholischen Kreisen trifft sie auch die Cembalistin Eta Harich-Schneider. Mit ihr, Mutter zweier halbwüchsiger Töchter, verbindet sie, obgleich Eta deutlich jünger ist als sie, bald eine freundschaftliche Vertrautheit. Sie ist schön und gebildet, eine feinsinnige Künstlerin – und eine geschiedene Frau. Sie war mit dem Literaturhistoriker und Schriftsteller Walther Harich verheiratet, und ihre Ehe ist ebenfalls gescheitert. An ihrem Beispiel hat Thea Sternheim vor Augen, wie couragiert sich eine Frau ihr eigenes Leben gestalten kann. Die älteren Töchter beider Frauen, Agnes Löwenstein und Lili Harich, werden übrigens Sängerinnen. Die jüngeren Töchter aber, Susanne Harich und Mopsa Sternheim, sind ihre Schmerzenskinder. Eta Harich-Schneider gibt gefeierte Cembalo-Konzerte, unterrichtet an der Musikhochschule, ist selbstständig und weiß, was sie aus ihrem Leben machen will. Vom Wesen her müssen sie sich einander verwandt gefühlt haben, nicht zuletzt in der strikten Ablehnung alles Militaristischen. Auch sie verlässt Deutschland aus Abscheu gegen den Nationalsozialismus. Als die Nazis viele ihrer jüdischen Kollegen und Schüler diskriminieren, als sie den Komponisten Paul Hindemith vertreiben wollen, setzt sich Eta Harich-Schneider mutig für sie ein – wenn auch oft ohne Erfolg. Sie emigriert, nimmt einen Ruf als Professorin ans Konservatorium nach Tokio an, geht später zeitweilig in die USA und hat auch nach dem Zweiten Weltkrieg mit Thea Sternheim wieder Briefkontakt. Nach deren Übersiedlung nach Paris 1932 schreibt sie ihr immer wieder, wie es in ihrem katholischen Friedenskreis in Berlin aussieht, wie es Pater Franziskus geht. Die Existenz als Künstlerin, alleinstehend mit zwei Kindern, sich ihr Leben im umfassenden Sinne verdienend, ist in jener Zeit nicht selbstverständlich. Thea Sternheim fühlt sich durch diese Frau ermutigt und bestärkt. Später einmal wird Eta Harich-Schneider in ihren Lebenserinnerungen *Charaktere und Katastrophen* sich an die Freundin erinnern, als sie sie nach dem Krieg in Paris wiedertrifft: Obgleich Thea gealtert und desillusioniert ist, „entdeckte ich das alte Funkeln ihrer amüsanten Augen" und erkannte in ihr „die Stoisy von einst, die schöne Römerin".

Carl Sternheim sieht sie in diesen Wochen und Monaten nicht. Er wohnt seit Januar 1928 wieder in Uttwil am Bodensee, zusammen mit Pamela. Sie wollte ursprünglich nicht lange bleiben, doch immer wieder bittet er sie, ihren Aufenthalt auszudehnen. Er braucht sie, braucht den Beistand eines nahen Menschen. Aber Pamela ist eigentlich in Berlin gebunden. Schließlich gibt sie ihr Engagement dort auf und löst auch die Verlobung mit Klaus Mann. Die junge Frau gerät in eine Situation, die von ihr eine Entscheidung fordert. Schien alles zunächst wie ein Zustand in der Schwebe, fordert Sternheim doch zunehmend von ihr, sich zu ihm zu bekennen. Ihre Mutter Tilly Wedekind ist verzweifelt: Muss jetzt die Tochter denselben Fehler machen wie einst sie selber als junge Schauspielerin und ihre Karriere eines Mannes wegen aufs Spiel setzen? Muss sie tatsächlich einen Jahrzehnte älteren Dichter heiraten, aus welchen romantischen Gründen auch immer? War die Ehe ihrer Eltern nicht abschreckendes Beispiel genug? Es kann nicht gut gehen – davon ist sie überzeugt. Und sie glaubt fest daran, dass es nur Pamelas Vaterkomplex ist, der sie Carl Sternheim so verehren lässt. Seit dem Tod ihres geliebten Vaters Frank Wedekind sucht sie diese Lücke zu schließen, ist anfällig für Sternheims beständiges Werben. Doch die Entscheidung für ihn vertieft zugleich den Bruch mit Erika Mann, der liebsten Freundin ihrer Jugend.

Die Vermögensauseinandersetzungen sind noch immer nicht zu Ende und ziehen sich weiter durch das Jahr 1928. Carl und Thea bezichtigen sich gegenseitig, einander übervorteilen zu wollen. Aber beide spüren auch, welch sinnloses Kräftevergeuden das ist. Einmal, Anfang des Jahres, fährt Mopsa im Auftrag der Mutter nach Uttwil, um deren persönliche Sachen abzuholen – doch ohne Erfolg. Es gelingt ihr nicht, den Vater zu überzeugen, Theas Besitz herauszugeben. Meistens hören die Geschiedenen nur über die Kinder voneinander. Der ganze lange Prozess nimmt Thea sehr mit. Mal ist sie *von Zornausbrüchen gepeitscht, mal von der Sehnsucht befallen, das alles abzuschütteln*. In diesen

Streitigkeiten um Geld und Gut muss sie ihren geschiedenen Mann jedoch unmissverständlich darauf hinweisen, *daß nur ich, und nur ich allein, Deinen Vater wegen seiner Betrügereien vor dem öffentlichen Prozeß rettete.* Genau das war der Grund, weshalb sie damals ihr Anwesen „Bellemaison" in Höllriegelskreuth aufgeben und fortziehen mussten. Ein tiefer Einschnitt in ihrer Familiengeschichte. Wenn er das nicht anerkennt, geht gar nichts voran. Sie habe, so hält sie ihm entgegen, seine *Machenschaften endgültig satt.*

Am 5. Januar schreibt Sternheim ihr allerdings einen Brief aus Uttwil: *Liebe Stoisy, da es mir heute zum erstenmal besser geht, ich fühle, daß Du nicht weniger leidest als ich, habe ich mich kurz entschlossen, im Großen und Ganzen Deine Bedingungen anzunehmen. Du erhältst die von Dir am 31/ Dez. im Brief angeführten Bilder dazu die gewollten Möbel Silber etc. – Nur eines bitte ich Dich: Komm mir mit dem Haus entgegen! Ich könnte es, da es schon mit 2500 fr. Zinsen 3500 fr. Steuern belastet ist, nicht halten und da ich gar nicht weiß, was ich in Zukunft verdiene, hätte ich keine ruhige Minute, könnte nicht arbeiten. Das willst Du ja nicht! Auch mit den Kindern wird es, wenn sie ein bischen mehr Zuneigung für mich aufbringen, besser werden. Wann und wo du willst, können wir das obige Abkommen bei einem Notar festmachen. [...] Und nun gieb mir* umgehend *Nachricht, daß Du mit mir übereingehst, und daß alle Greuel ein Ende; wir in Zukunft die alte Freundschaft haben und behalten. – Herzlich Hünni.* Tatsächlich muss Sternheim nun sehr auf sein Geld achten, zumal er auch noch den Sohn Carlhans zu versorgen hat.

Am 1. April 1928 wird er fünfzig Jahre alt. In Theas Tagebuch steht an diesem Tag der Eintrag: *In der Kirche. Ich bete für Karls ewige Seele.* Nein, hassen kann sie ihn nicht, dafür waren sie zu lange und zu stark miteinander verbunden. Sie wünscht vielmehr, dass er in Ruhe leben kann. In der ersten Aprilhälfte kommt Sternheim nach Berlin. Hier findet die Berliner Erstaufführung der *Marquise von Arcis* in der Regie von Gustav Hartung im Theater an der König-grätzer Straße statt. Wie in seinen besten Zeiten nimmt Sternheim an der Probenarbeit teil. Als Ehrung zu seinem Fünfzigsten folgt außerdem am 27. April die Neuinszenierung seines Erfolgsstücks *Die Kassette* in der Komödie, Adele Sandrock spielt wieder die Rolle der Elsbeth.

Carl Sternheim, mit Pamela an seiner Seite, kann sich noch einmal richtig freuen. Es ist wie ein letzter Lichtblick, bevor schlimme Zeiten auf ihn zukommen. Im September etwa wird im Theater in der Behrenstraße die Inszenierung der Komödie *Maske* auf die Bühne kommen, eine Bearbeitung aus den beiden Stücken *Die Hose* und *Der Snob* – Stücke, die einst seinen Theaterruhm begründet haben. Er selbst führt Regie, Tilly Wedekind übernimmt nun die Rolle der Sybil Hull. Doch es wird trotz aller Bemühungen ein Misserfolg. Sternheims große Zeit scheint vorbei zu sein. Das Publikum will jetzt etwas anderes sehen: Probleme, die die Menschen umtreiben. Zu stark haben die Folgen von Weltkrieg, Inflation und Massenarbeitslosigkeit auch die Theaterszene verändert. Der Autor, der jetzt den Erfolg einsammelt, ist Bertolt Brecht – auch er ein Dreißigjähriger wie damals Sternheim am Beginn seiner Karriere. Mit seiner *Dreigroschenoper* trifft er den Nerv der Zeit, wie bereits 1922 mit dem Stück *Trommeln in der Nacht*, das die revolutionären Kämpfe 1918/19 zum Thema hat.

1948 wird der junge Philosoph und Kritiker Wolfgang Harich in der *Täglichen Rundschau* schreiben: „Brecht ist zweifellos […] der mächtigste deutsche Dramatiker unserer Epoche, nächst Sternheim wohl der bedeutendste des Jahrhunderts."

Im Herbst fährt Carl Sternheim mit Pamela vier Wochen zur Kur nach Baden-Baden. Dort treffen sie auf Klaus Mann – eine Situation, die anzüglich genug ist. Pamela erklärt ihrem ehemaligen Verlobten, dass sie Sternheim liebe

und ihn heiraten werde. „Was für eine barocke Laune!",
kommentiert der das im *Wendepunkt*. Über Sternheim,
den er durchaus einmal als einen der originellsten Dramatiker verehrt hat, weiß er nur zu sagen: „Sein Größenwahn
fiel allgemein peinlich auf."

Als Thea Sternheim am 25. November in Berlin ihren
fünfundvierzigsten Geburtstag begeht, ohne Carl, aber in
Gesellschaft ihrer Kinder, kann sie die Tränen nicht unterdrücken. Sie fühlt sich nicht gut. Die Gallenkoliken kommen wieder, sie fiebert. Und nachts findet sie meistens nur
mit Veronal in den Schlaf. Aber auch Carl geht es nicht
gut. Seit der Rückkehr aus Baden-Baden verschlechtert
sich sein Zustand, die Symptome einer starken Nerven-
krise nehmen bedrohlich zu. Hatte er bereits in den Briefen an Thea Anfang des Jahres Monats- und Jahreszahlen
verwechselt, wird seine Verwirrung nun immer deutlicher.
Zwar plant er, über Weihnachten nach Paris zu fahren, wo
die Inszenierung der *Hose* laufen soll. Aber daraus wird
nichts mehr. Im Dezember bricht die psycho-physische
Krise endgültig aus. Carl Sternheim wird am 11. Dezember 1928 in das Binswangersche Sanatorium „Bellevue" in
Kreuzlingen am Bodensee eingewiesen. Die Ärzte diag-
nostizieren ein schweres Gehirnleiden.

Parallel laufen Prozesse ab, die Anlass zu schlimmen
Befürchtungen geben: Am 11. Dezember erhält Thea
gleich nach dem Erwachen ein Telegramm aus Uttwil:
Erwarten euch Sonntag 11 Uhr Pamela Karl. Thea empfindet
den Text wie einen Schlag ins Gesicht. Da weiß sie jedoch
noch nicht, wie es um ihn steht. Den Tag über ist sie außer
Haus, fühlt sich müde und will früh schlafen gehen. Erst
beim Auskleiden fällt ihr Blick in die Boulevardpresse,
da steht im *Tempo*, von Thea salopp die *Ullsteinrevolver-
schnauze* genannt, dick überdruckt und hervorgehoben:
„Wahnsinnsanfall des Dramatikers Sternheim – Nervenzusammenbruch durch die Aufregungen eines erbitterten

Scheidungsprozesses". Thea ist wie erstarrt, weiß zugleich intuitiv, dass es ernst ist. Ins Tagebuch klebt sie dazu einen Zeitungsartikel ein, in dem ein Telegramm von Pamela Wedekind an die Redaktion zitiert wird: „Carl Sternheim wurde infolge Nervenzusammenbruchs auf Verlangen des Arztes in das Sanatorium Kreuzlingen überführt. Zu ernsten Besorgnissen liegt kein Anlass vor. Ich habe dem Menschen, den ich nach meinem Vater am meisten liebte und verehrte, seit einem Jahr mit bedingungslosem Einsatz meiner Person nach besten Kräften beigestanden, wie er es verlangte und wie es meine Pflicht war. Pamela Wedekind, Uttwil." Über die Art und Weise, wie Pamela ihre Privatdinge *an das schmutzigste Maul Deutschlands* ausliefert, ist Thea schockiert. Andererseits bestätigt es ihr die Wahrheit der Nachricht. Jetzt braucht auch sie den Beistand guter Freunde. In diesem Fall sind es wieder einmal Anja und Franz Pfemfert, die ihr den Rücken stärken.

Wenige Tage später erhält sie auch einen Brief vom Zimmermann Carl Scherzinger aus Uttwil, eines einfachen Mannes und Grundstücksnachbarn. Er beschreibt ihr in naiver Anschaulichkeit, wie Sternheim immer verwirrter wurde, wie er ihn am Morgen, mit dem Revolver in der Hand, aufforderte, ein Telegramm an Thea nach Berlin zu senden mit der Aufforderung, sofort nach Uttwil zu kommen. Und dass, so habe Sternheim ihm mitgeteilt, heute ein großes Fest mit Fackelzug zu seinen Ehren stattfinden werde.

Pamela ist völlig entgeistert. Sie wird von der Situation praktisch überrollt. Bisher glaubte sie nicht, dass Sternheim ernsthaft krank sei. Doch sein Hausarzt, der ihn in Kreuzlingen aufsucht, bestätigt ihr das Entsetzliche ohne Umschweife: „Positiver Wassermann". Als sie nicht begreift, was damit gemeint ist, erklärt er ihr wenig zartfühlend: „Syphilis, tertiäres Stadium, wahrscheinlich aussichtslos" – für die junge Frau eine Katastrophe.

Was jetzt folgt, ist das blanke Entsetzen: Die Schweizer Behörden bestellen einen amtlichen juristischen Beistand, da Sternheim nicht mehr in der Lage ist, seine Angelegenheiten selbst zu regeln. Der Zustand, von dem die Rede ist und der ärztlicherseits auch Paralyse genannt wird, rührt Thea stark. Im Grunde ahnt sie es längst. Sie kann Carl ihre Anteilnahme nicht versagen. Zusammen mit Mopsa fährt sie zu Gottfried Benn, dessen Zuspruch ihr – als Freund ebenso wie als Arzt – am allerwichtigsten und hilfreichsten ist. Auf ihn kann sie zählen. Doch ganz klare Diagnosen gibt es vorläufig nicht. Die behandelnden Ärzte sind sich auch jetzt nicht vollkommen einig, man vermutet weiterhin eine nicht ausgeheilte Lues. Vieles spricht dafür. Die psychischen Aspekte seines Zusammenbruchs werden weitgehend außer Acht gelassen. Benn zeigt ihr, vielleicht um sie zu trösten, die Weihnachtsnummer des *Börsenkuriers*, in der Carl Sternheims Erzählung *Adrienne* veröffentlicht worden ist. Ach, lieber Freund, sagt Thea ihm da gerührt, *die habe ich selbst noch für Sternheim abgeschrieben!*

Später fragt sie sich wohl doch, ob es zu verantworten war, Carl Sternheim zu verlassen. War sie zu unduldsam? Hätte sie mehr von sich selber absehen, sich unterordnen müssen? Wäre es von ihr zu erwarten gewesen, die eigene Persönlichkeit zurückzustellen und ihr Ziel aufzugeben, zu sich selbst zu finden? Unter den überkommenen Geschlechterverhältnissen noch des neunzehnten Jahrhunderts vielleicht. Doch sie ist eine Frau des neuen Jahrhunderts, mit einem Selbstbewusstsein, das sich nicht mehr unterdrücken lässt. Und keiner möge ihr sagen: *Du sollst!*

Im März 1929 fährt Thea nach Uttwil und besucht von dort aus Carl Sternheim zweimal im Sanatorium Kreuzlingen. Doch erst im April tritt eine leichte Besserung seines Zustands ein. Dann unternimmt er mehrere Fluchtversuche aus der Klinik, ist jedoch gar nicht in der Lage, allein zurechtzukommen. Pamela ist inzwischen, da sie ihm in keiner Weise helfen konnte, nach München gefahren, um sich am Starnberger See zu erholen.

Aus Kreuzlingen schreibt Carl Sternheim am 23. April 1929 in einem zu Herzen gehenden Brief an Thea: *Liebe geliebte Stoysi, ich war einige Tage in einem sehr schlechten Zustand, hatte schreckliche Auseinandersetzungen mit mir selbst, da mir immer mehr klar wird, daß ich vieles im Leben nicht hinreichend begriffen habe, und daß man das Wesentliche immer wieder von vorn beginnen muß; ich hoffe baldigst zu einem guten Resultat zu kommen mit mir selbst und nach Uttwil zurückzukehren.* Worte, durch die man einen Blick in Sternheims Inneres tun kann. Sein Leben liegt als ein Steinbruch vor ihm. Ob er aus ihm noch einmal etwas Sinnvolles machen kann?

Jetzt bewährt es sich, dass Sternheim aus einer großen Familie kommt und seine Geschwister sich entschließen, sich um ihn zu kümmern. Sie beraten sich auch mit Thea, die letztlich für die Familie Sternheim so viel getan hat. Am 1. Juni 1929 wird er nach Berlin geholt und in das Westendsanatorium verlegt, die „Kuranstalten für Gemüts- und Nervenkranke". Sein Bruder Julius Sternheim wird als sein Vormund bestimmt.

Thea hat gerade in diesen Monaten einen engen Kontakt zu Gottfried Benn, und als Sternheim nach Berlin überführt wird, ist er sogleich mit Hilfe und Beistand zur Stelle. Thea fühlt sich gestärkt durch ihn, seine Menschlichkeit und Güte. Er verspricht ihr, Sternheim gemeinsam mit ihr zu pflegen. Im Tagebuch notiert sie am 11. Juli: *Abends kommt Benn. Gott segne ihn für die Zartheit, wie er mit Sternheim umgeht, ruhig dessen Krankheit bespricht, ihn tröstet, ihm hilft.* Thea ist dem treuen Freund ebenso dankbar wie der Kranke selbst. Ihre lange Freundschaft, die im Weltkrieg begonnen hat, zahlt sich nun aus.

Hier in Berlin, da alle in seiner Nähe sind, ist Sternheim am besten umsorgt. Tag für Tag besucht ihn jemand aus der Familie, die Geschwister, Thea, die Kinder Agnes,

Mopsa und Klaus. Und ein eigener Betreuer wird für ihn angestellt, Oskar Heise, der sich praktisch rund um die Uhr um ihn kümmert. Einmal kommt auch Pamela nach Berlin, um ihn zu besuchen. Sein Zustand ist mal besser, dann verschlechtert er sich wieder. Bald zeigt sich, dass Thea einen beruhigenden Einfluss auf den Kranken hat. Deshalb darf er, in Heises Begleitung und im Rollstuhl, Thea bald täglich in ihrer jetzigen Wohnung in Berlin-Wilmersdorf besuchen. Sie ist überhaupt die Einzige, in deren Gegenwart der Kranke aufatmet. Allmählich beginnen nun wieder Kontakte zu Personen außerhalb des engsten Familienkreises, so etwa zu Tilly Wedekind und zu Pamelas Schwester Kadidja, zu Franz Blei oder zu seinem engen Freund Friedrich Eisenlohr. Eisenlohr, Dichter und Dramatiker wie er, ist einer der wenigen, den er nicht als Konkurrenten empfindet. Und der schon 1926 das Buch *Carl Sternheim. Der Dramatiker und seine Zeit* veröffentlicht hat. Da dies gut zu gehen scheint, beschließt Thea, eine Wohnung für Carl Sternheim direkt neben ihrer in der Düsseldorfer Straße 51 zu mieten, unweit ihrer bisherigen Adresse.

Doch vorerst gibt es im August eine erneute Verschärfung der Krise. Sternheim ist ans Bett gefesselt, an einen Umzug ist nicht zu denken. Als Thea nach einer Woche Abwesenheit mit dem Pfleger telefoniert, klagt er ihr, dass er die schlimmste Woche mit seinem Patienten hinter sich habe; Sternheim habe einen Tobsuchtsanfall nach dem anderen gehabt, es sei beängstigend, und Heise schließt: Er glaube, sie habe Sternheim sehr gefehlt. Denn sie allein ist es, die besänftigend auf ihn wirken könne. Im Westendsanatorium macht Thea ein Foto von ihm: ein Dokument des Mitleids. Carl Sternheim, abgemagert, mit eingefallenen Wangen, die Augen tief in den Höhlen liegend, abgewandt, beinahe unkenntlich geworden. Es ist nicht einmal zu erkennen, ob er bemerkt, dass er fotografiert wird. Der

Blick seltsam scheu, so als sei er allein, als horche er in sich hinein. Oder als nähme er die Welt um sich gar nicht wahr. Carl Sternheim an seinem tiefsten Punkt: Er ist ein Geschlagener.

Ende September 1929 fährt Thea nach Uttwil, um den Hausstand aufzulösen. Ein schwerer Gang für sie. Sie muss sehen, dass Sternheim ausgerechnet ihr früheres Zimmer nun Pamela eingeräumt hat. Vieles ist verändert, die wertvollen Bilder an den Wänden umgehängt, ausgetauscht. Schlimmer noch: Widmungen von Malern an sie sind überklebt, da steht nun anstelle ihres Namens „für Carl". So auf mehreren Holzschnitten von Masereel – es schneidet ihr ins Herz. Doch es hilft jetzt nichts zu jammern; sie muss die Tatkraft aufbringen, zu tun, was nötig ist. Das Haus, an dem sie beide einmal gehangen haben, muss verkauft werden, um die Kosten für Carls langwierige klinische Behandlung tragen zu können.

Am 10. Oktober endlich ist es soweit: Sternheim wird entlassen und kann mit seinem Pfleger in die Wilmersdorfer Parterrewohnung einziehen, die Thea für ihn gemietet hat. Es ist auch für sie eine ungeheure Nervenanspannung, und dennoch betreut sie ihn, ist da, wenn der Pfleger Heise einmal frei hat, bringt ein *grenzenloses Mitleid* für Carl auf. Ein aufreibender Wechsel zwischen seinen lichten Stunden und den furchtbaren Rückschlägen, Absencen, in denen er wütend, mit entstelltem Gesicht, um sich schlägt und niemanden erkennt. Das kostet sie viel Kraft: *Gott, mein Gott, welch ein Grauen!*

Einmal fordert die Freundin Anja Pfemfert Thea auf, alles stehen zu lassen, ihren Koffer zu packen und mit ihr nach Moskau zu fahren. Das wäre, meint sie, sinnvoller als das, wozu sie sich hergäbe. Doch Thea kann jetzt nicht aufgeben. Im Verständnis ihres christlichen Glaubens ist es auch eine Aufgabe, die Last des anderen zu tragen.

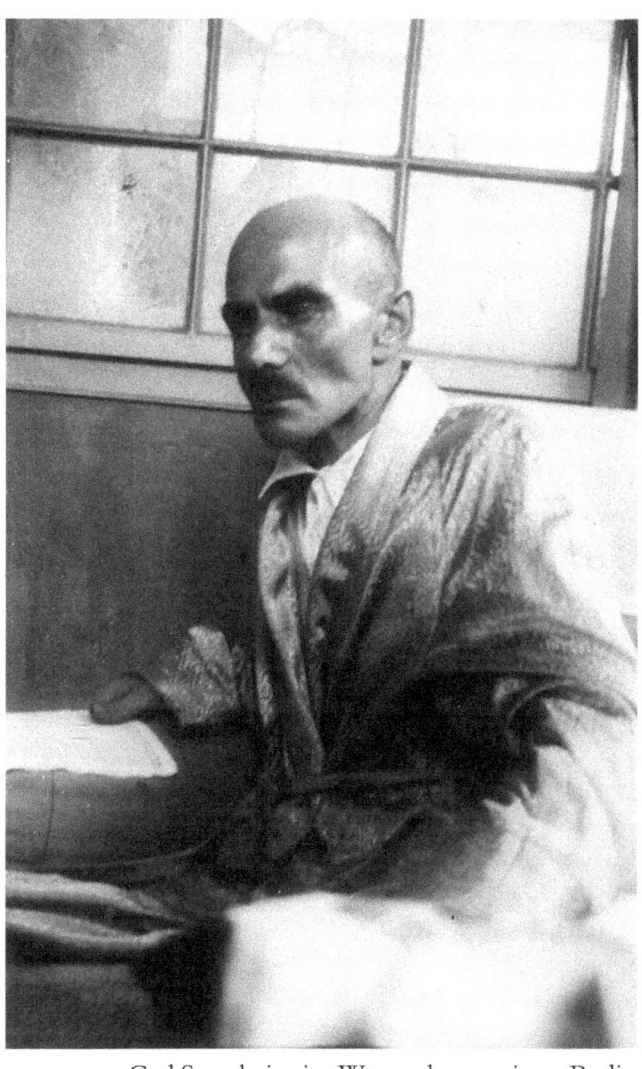

Carl Sternheim im Westendsanatorium, Berlin
Fotografie von Thea Sternheim, 1929

Gegen Ende des Jahres tritt dann tatsächlich eine Besserung seines Gesundheitszustands ein. Kaum einer hatte ernsthaft damit gerechnet, dass Sternheim wieder gesund werden könnte. Nun kommt auch Pamela Wedekind zurück nach Berlin und beginnt, sich um Sternheim zu kümmern.

Bleiben oder Gehen

Nach der Scheidung verstärkt sich bei Thea Sternheim die distanzierte Perspektive auf Deutschland: Berlin ist in jenen Jahren ein Vulkan, der brodelt, der zischt. Die Atmosphäre ist oft bis ins Unerträgliche aufgeputscht. Kabaretts und Nachtclubs schießen wie Pilze aus dem Boden. Rauschgifte aller Art sollen beruhigen oder besser: betäuben. Aber können sie das? Und in dieser Stadt will Thea Sternheim zur Ruhe kommen? Unmöglich. Sie beobachtet im Stadtbild die Hektik der Zeit. Nimmt aber auch die nicht mehr zu übersehende Propaganda und Hetze der Nationalsozialisten wahr. Manchmal, wenn sie mit einem jüdischen Bekannten auf der Straße geht, so mit Alfred Flechtheim, in dessen Galerie sie gern verkehrt, hört sie mit Schaudern den Ruf „Scheißjuden". Nichts ist ihr so suspekt wie der wahnwitzige Geist, der da in Deutschland scheinbar unaufhaltsam heranwächst. Sie hat das Gefühl, dass alles auf einen Abgrund zusteuert. Noch weiß keiner, wann er kommt und wo er beginnt.

Thea Sternheim hat von jeher ein waches politisches Gespür. Wenn sie wieder einmal durch die Siegesallee fährt, kommt sie angesichts des deutschen Nationalismus ein Frösteln an: *Welche Aufstapelung fossiler Zwangsvorstellungen!* Hier, das spürt man, wurden vornehmlich Rekruten gedrillt. Das Preußische ist ihr nicht geheuer. Denkt sie dagegen an den Concorde-Platz in Paris, der ja ebenfalls eine Nation repräsentiert, verbindet sie damit ganz andere Vorstellungen: *Mein ganzes Herz gehört Paris.*

Sie fühlt sich immer unbehaglicher in diesem Berlin. Schon bei ihrem letzten Paris-Aufenthalt im Sommer 1928 hat sie das Empfinden überwältigt, eher hierher zu gehören als nach Deutschland. Wenn sie in der Kathedrale

Notre Dame in den Menschenstrom eintaucht, wähnt sie sich beinahe zu Hause. Von dort aus war sie im August nach Lourdes gefahren und dann weiter nach Madrid und Toledo, schließlich nach Andalusien, besuchte, zusammen mit ihren Kindern Mopsa und Klaus, die Städte Cordoba, Sevilla, Cadiz und Malaga. Das Katholische dort, die großen Kathedralen und Kunstwerke lassen etwas in ihrem Inneren mitschwingen, was ein Teil ihrer Jugend war und was sie nun immer stärker sucht. Die Reise und einige Geschenke an ihre Kinder kann sie finanzieren, weil es Alfred Flechtheim gelungen war, ihr Van-Gogh-Gemälde *Briefträger* günstig an einen Pariser Kunsthändler zu verkaufen und sie dadurch von den *drückendsten Geldkalamitäten* zu befreien. Die Schätze ihrer Kunstsammlung vermindern sich, aber das ist es ihr wert, solange sie die Kinder um sich haben kann. Sie sind jetzt der Halt, an den sie sich klammert.

Am 17. Dezember 1929 heiratet Mopsa in Berlin Carl Rudolf von Ripper, ihre große Liebe. Sekundiert von Gottfried Benn als Trauzeugen. Der Bräutigam, von allen scherzhaft Jack genannt, Jack the Ripper, ist ein österreichischer Maler und Grafiker. Sie hatte ihn erst im Jahr zuvor kennengelernt. Thea ist über den Entschluss einigermaßen erstaunt, weiß jedoch aus eigener Erfahrung, *in welche Katastrophen jeder Widerstand treibt.* Also redet sie ihrer Tochter nicht hinein. Doch auch diese Ehe scheitert, und schon nach wenigen Jahren trennt sich das Paar, wenn auch die offizielle Scheidung erst nach dem Krieg, 1946, folgt.

Beim Hochzeitsessen ist auch der Vater der Braut anwesend. Er sieht noch deutlich gezeichnet aus, doch erholt er sich zum Erstaunen aller schneller als gedacht. Um den Tisch versammelt die Familie, Benn, wenige Freunde. Thea kommentiert im Tagebuch, wie sie sich und die Mitglieder ihrer Familie wahrnimmt: wie einen Gespensterreigen. Als ahne sie schon, dass Mopsa und Ripper nicht zusammenbleiben werden. Wenige Tage später teilt ihr auch noch ihre Tochter Agnes mit, sie werde sich von ihrem langjährigen Gefährten, dem Komponisten und Dirigenten Berthold Goldschmidt, trennen. Es ist, als würde alles zerrinnen. Goldschmidt, der Agnes so sehr geliebt hat, steht unglücklich und verlassen da. Wenigstens hat er, wie zur Entschädigung, bald darauf mit seiner Oper *Der gewaltige Hahnrei* einen beachtlichen Erfolg – bevor er von den Nazis 1933 aus Deutschland vertrieben wird. Die Auflösungserscheinungen zeichnen sich am Horizont ab. Schlimmer als diese Trennung aber trifft Thea, dass ihre Kinder Mopsa und Klaus nicht von den Drogen loskommen. Zwar kann sie mit ihrem Sohn noch am besten reden, die Verbundenheit zwischen Mutter und Sohn scheint unzerstörbar. Und sie ist überzeugt, dieses Kind bedeute *die letzte Bindung zu der von mir aufgebauten Familie.* Dennoch spürt sie, wie auch er ihr mehr und mehr entgleitet. Ihre Liebe zu Klaus, gesteht sie sich ein, ist *ein Kampf um Klaus*. Klaus ist ein sehr gut aussehender junger Mann, der alle Chancen gehabt hätte. Er hat sich nicht helfen lassen, als noch Zeit dazu gewesen wäre. Nun droht auch er, wie Carl Rudolf von Ripper, wie viele ihrer Freunde, von der Drogensucht zerstört zu werden. Thea fühlt sich bis zum Äußersten erschöpft: *Sehr müde von allem.*

Ein Prozess des Auseinanderfallens hat begonnen, der nicht mehr aufzuhalten ist. Im Februar 1930 kommt Sternheim eines Abends in Theas Wohnung und teilt ihr mit, er beabsichtige, Pamela Wedekind zu heiraten. Einen Moment zuckt sie zusammen, um schließlich erleichtert zu sein und zu hoffen, dass das zu einem guten Ende führen möge. Sternheim kann jetzt wieder allein ausgehen. Einen Pfleger braucht er nun nicht mehr. Man trifft sich noch gelegentlich bei Thea, geht sogar zusammen ins Theater, ins Kino. Wenn Benn zu Gast ist, wird Carl ebenfalls eingeladen. Doch die Atmosphäre ist angespannt. Thea Sternheim fühlt ihre Kräfte abnehmen. Wie stark hat sie sich für Carl aufgerieben, als der am Boden lag. Sie ist in einem Alter, in dem eine Frau beginnen sollte, mehr Rücksicht auf sich selber zu nehmen. Doch gerade in der Situation, die nun seit einigen Jahren anhält, ist das beinahe nicht möglich. Sie ist durch die Heirat mit Sternheim nicht glücklich geworden und nicht durch die Scheidung von ihm. Am Ende des Lebensweges, den sie zusammen gegangen sind, bittet Sternheim Thea, ihm den gemeinsamen Briefwechsel zu überlassen – Briefe, *auf die ich den größten menschlichen Wert lege, weil ohne sie die Geschichte meines Lebens nur halb wäre*, schreibt er ihr. Eine sentimentale Anwandlung – oder doch Geste der bleibenden Verbundenheit? Thea jedenfalls stimmt dem zu und schickt ihm seine Briefe zurück.

Ob sie der jungen Pamela eine glücklichere Zeit wünscht – wir wissen es nicht. Unmittelbar am Vorabend seiner Trauung mit Pamela schreibt Carl Sternheim ihr einen Brief, der, wüsste man nicht um die Umstände, einem Liebesbrief gleichkommt: *Meine geliebte Stoysi, ich habe in all den Tagen in Belgien sehr dicht an Dich gedacht, gerade dort wurde evident, wie sehr ich und mein Werk Dir ewig verpflichtet sind und bleiben. Es waren diese Jahre so produktiv durch Deine unbeirrbare Anhänglichkeit und Liebe zu einem Menschen und Mann, der unvergleichlich begabt, ohne Deine himmlische Treue zu allem Großen und Guten nicht ohne weiteres an sein Gelingen gekommen wäre.* Die Dankbarkeit, die aus seinen Worten spricht, ist sicherlich aufrichtig. Doch zugleich ist er von einer seltsamen Abgerücktheit von der Realität, wenn er schließt: *Aber Du darfst auch überzeugt sein, daß nicht nur ich und die junge Frau an meiner Seite weiß, welches Maaß von Hingabe zu meinem Besten sie Dir zu danken hat und ich hoffe aus diesen köstlichen Wirklichkeiten kommen für uns alle noch herrliche Tage.*

Am 17. April 1930 heiraten Pamela Wedekind und Carl Sternheim auf dem Standesamt Berlin-Wilmersdorf. Eine Hochzeitsreise haben sie bereits gemacht: Seit Mitte März sind sie vier Wochen unterwegs, reisen nach Paris und nach Brüssel. In Paris trifft Sternheim den alten Freund Frans Masereel wieder. Besichtigt mit Pamela den Louvre. Alles scheint gut zu gehen. Erstaunlich, was er sich wieder zutraut. Auftrieb hatte schon im Dezember 1929 die Uraufführung der Oper *Der Tenor* von Ernst von Dohnányi nach seinem Theaterstück *Bürger Schippel* im Deutschen Opernhaus Berlin gegeben. Und im Januar fand an den Kammerspielen die Berliner Erstaufführung seines Stücks *Der Kandidat* statt: Carl Sternheim wird in der Öffentlichkeit noch einmal zur Kenntnis genommen. Und dennoch spürt er, dass er in Deutschland keine Zukunft mehr hat. Er beschließt, zusammen mit Pamela nach Brüssel zu gehen. In Belgien, so hofft er, wird er Grund unter den Füßen finden und neu anfangen können. Die Lebenshaltungskosten sind hier auch deutlich günstiger. Er mietet eine schöne Wohnung. Gleich nach der Hochzeit löst er seine Berliner Wohnung auf, während Pamela nach Aachen reist. Dort treffen sie sich und ziehen gemeinsam in ihre Wohnung nach Brüssel.

In diesen Wochen ist Thea in Begleitung von Klaus gerade auf Reisen in Italien. Sie fahren nach Rom, Florenz, Assisi und Venedig. Carl, eben in seiner neuen Wohnung eingerichtet, schreibt ihr im Mai aus Brüssel, er habe Groenendaal, La Hulpe und die Orte wiedergesehen, *die ich am meisten in unserm Zusammenleben geliebt habe, und wo unter Deiner liebenden Fürsorge ein großes ewiges Teil meines Werkes entstanden ist. Immer wieder der ewige heisse Dank Dir dafür!*

Nun aber lebt er mit seiner jungen Frau hier. Ein neues Leben beginnt. Es hält nur vier Jahre. Im Februar 1934 trennt sich Pamela von ihm. Die Ehe wird im Oktober geschieden. Pamela möchte wieder als Schauspielerin arbeiten. Seit 1933 ist Carls Gesundheitszustand erneut sehr desolat. Rückfälle, schwere Depressionen und Verzweiflungsanfälle mehren sich, nicht zuletzt infolge seiner schwierigen finanziellen Verhältnisse – er verdient fast nichts mehr. Aber auch Tilly Wedekind geht es nicht gut. Pamela muss sich entscheiden, ob sie bleibt und ihre Mutter im Stich lässt oder nach Deutschland zurückgeht und Sternheim verlässt.

Klaus Mann beschreibt im *Wendepunkt* mit viel Witz, der das Peinliche oder Skurrile der Situation überspielt, die neuen verwandtschaftlichen Beziehungen, nachdem seine ehemalige Verlobte Pamela Carl Sternheim geheiratet hat – jenen „dämonischen Dramatiker, der meine Braut zu seiner Gattin machte": „Folglich ist Pamela die Stiefmutter der Mopsa, die zwei oder drei Jahre älter ist als sie. Wie aber bin ich mit Mopsas Mama, der prächtigen Madame Stoisy Sternheim, verwandt?" Die Verwirrung ist enorm – nicht nur im engeren Familienkreis. Man wundert sich allenthalben über diese Neuigkeit, die Öffentlichkeit hat Anlass genug zum Klatsch. Aber Klaus Mann gibt es schließlich auf, die genauen Verwandtschaftsbezeichnungen weiter ergründen zu wollen: „Schluß! Das ist ja der reine Wahnsinn ...". Mopsa, als Klaus Mann mit ihr über die verquere Situation spricht, sagt ihm kichernd: „Der Alte ist völlig meschugge".

Thea Sternheim bleibt vorläufig in Berlin, doch heimisch fühlt sie sich nicht. Was sie noch hält, sind die Freunde und die Nähe ihre Kinder. In den Künstlerkreisen der Stadt kann man immerhin noch aufatmen. Im Mai 1930 ist sie begeistert von Gottfried Benns Aufsatz *Zur Problematik des Dichterischen*, den er ihr schickt. *Welche Pracht seiner Sprache!*, notiert sie. *Da weiss ich, warum ich Benn liebe.* Endlich gibt es auch ein Wiedersehen mit Frans Masereel. Im Oktober kommt er zu seiner Ausstellung nach Berlin, die der Hamburger Kunstverein organisiert hat. Die *schreckliche Verflachung*, die sie seit einigen Jahren an seinen Arbeiten eher abgestoßen hatte, scheint überwunden zu sein. Wenn sie sich unter vier Augen begegnen, sind beide befangen. Der alte Zauber ihrer gegenseitigen Anziehung aus glücklicheren Tagen beginnt wieder zu wirken. Dennoch ist nichts mehr wie früher, das spüren beide.

Im neuen Jahr, Januar 1931, fährt auch Thea wieder nach Paris. Besucht die Masereels, geht mit ihnen zum Essen aus in ein Restaurant in Montmartre, das damals in den Zwanzigerjahren ein kleines Lokal war – jetzt dagegen eine Touristenattraktion. Thea gesteht sich ein: *Meine Liebe für Frans nimmt ab und meine Freundschaft nimmt zu.* So vieles hat sich verändert. Sie will ihr Leben neu ordnen, sucht einen Platz für sich. Ist getrieben von der Sehnsucht, den eigenen Zielen folgen zu können. Paris, auch wenn es teuer geworden ist, auch wenn es nun viel mondäner ist, wäre ein solcher Platz.

Oft schon hat sie überlegt: Wie sollte der Ort aussehen, an dem sie leben und arbeiten möchte? Es muss ein Ort der Künste sein, vertraute Freunde sollten in der Nähe wohnen; eine Stadt oder eine Landschaft, die etwas aus sich selbst darstellt, eine starke Ausstrahlung hat. Dieser Sehnsuchtsraum, das wird immer klarer, ist Paris.

Thea hat sich nie ausschließlich an Deutschland gebunden gefühlt. Im Gegenteil, nicht zuletzt durch die Lebensjahre in Belgien und der Schweiz, durch die zahlreichen Reisen fühlt sie sich ausgesprochen als Europäerin. Und auch das Schicksal Europas nimmt sie als ein Ganzes wahr.

Sackgassen

Am Beginn der Dreißigerjahre verändert sich die Atmosphäre in Berlin immer sichtbarer. Die Bewegung der
Nationalsozialisten gewinnt an Zulauf. Mehr und mehr
Menschen lassen sich von Hitlers Zielen vereinnahmen:
Deutschland müsse sich rächen für die Niederlage von
Versailles. Es würde Thea nicht so stark beunruhigen,
wenn nicht auch mancher aus ihrem Bekanntenkreis dazugehören würde. Wenn sie in ihre Kirche geht, um zu
beten, stößt sie die Wahrnehmung des vorausgegangenen
Studentengottesdienstes ab: *Nichts riecht penetranter als der
nationalsozial duftende Kleinbürger.* Sie fährt immer öfter
nach Paris. Hat dort einen jungen Vertrauten, Herman de
Cunsel, ein Maler aus Belgien, so alt wie ihr Sohn. Von
seinem jugendlichen Charme ist sie hingerissen. André
Gide hatte ihn mit Thea bekannt gemacht. Fortan gibt
es im Tagebuch kaum einen Eintrag, der nicht von ihm,
seinen Briefen, ihren Begegnungen spricht. Thea Sternheim, die auf die fünfzig zugeht, fühlt sich beinahe wie
eine junge Liebende. Es tut ihr gut wie seit langem nichts
mehr.

Noch fühlt sie sich gestärkt von den Berliner Freunden, mit denen sie weiter eng verkehrt, Flechtheims etwa,
Anja und Franz Pfemfert allen voran. Sie unterstützt Anja
bei der stilistischen Überarbeitung literarischer Übersetzungen aus dem Russischen. Trifft sich mit Eta Harich-
Schneider und Pater Franziskus in der katholischen Friedensbewegung. Doch das alles kann auf die Dauer über die
bedrückende Atmosphäre nicht hinweghelfen. Wenn sie
wenigstens mit ihrem Buch weiterkommen würde. Wie
traurig, ja verzweifelt klingt der Ausruf im Tagebuch am
14. Oktober 1931: *Mein Leben verfließt. Versäumte Pflicht.*

Wie an ein Kind, das ich auszutragen vergaß, denke ich mit Weh-
mut an „Anna". Es muss etwas geschehen.

Alles Nichtige und Niederträchtige ist Thea Sternheim
zuwider. Sie fühlt sich nicht mehr zu Hause in Deutschland. Denn beinahe täglich begegnen ihr Auswüchse des
Nazi-Geistes. Ihr Empfinden, die Deutschen seien *ein*
national tollwütiges Geschlecht, lässt sich nicht mehr abweisen. Die gesellschaftliche Situation wird von der Polari-
sierung durch die politischen Parteien immer stärker bestimmt. Offen stürmt die SA bald schon Veranstaltungen
der Linkskräfte und weiß, dass sie nichts zu befürchten
hat. Der demokratische Geist, aus dem die Republik von
Weimar einst hervorging, ist längst auf den Hund gekommen. Zum Ende des Jahres 1931 steigert sich bei Thea das
Fremdheitsgefühl. Deutschland kommt ihr nun vor wie
eine Gefängniszelle par excellence.

Die Tatsache, dass Mopsa und Klaus mittlerweile in
Paris leben, erleichtert ihren Entschluss, endgültig weg-
zugehen. So verlässt Thea Sternheim am 1. April 1932
Deutschland – noch bevor Hitler an die Macht kommt.
Sie täuscht sich nicht darüber, was folgen wird. Gottfried
Benn schickt ihr im selben Monat einen Brief hinterher,
worin er erklärt, warum er ihren Schritt nicht gutheißen
könne und andere nämlich, also auch er, „*aus Charakter* zu-
rückbleiben" würden. Zugleich versichert er ihr jedoch,
dass „Sie für mich zu den wenigen Erscheinungen der
Freundschaft u. der Zuneigung gehören und ich Ihnen
menschlich u. allgemein viel zu danken habe".

Die Wege von Thea und Carl Sternheim haben sich getrennt und verlaufen fortan in zwei selbstständigen Strän-
gen. Das, was ihnen lange Zeit undenkbar schien, ist nun
vollzogen. Dennoch verlieren sie sich nicht gänzlich aus
den Augen. Sternheim hat Deutschland bereits im Frühjahr 1930 verlassen. Nur noch einmal, im Sommer 1931,

kehrt er zurück, um mit Pamela die Ferien im bayrischen Seeheim zu verbringen, wo sie eine Wohnung hat. Danach sieht er sein Vaterland nicht mehr wieder.

Ab 1933 werden im nationalsozialistischen Deutschland Carl Sternheims Bücher und Aufführungen verboten. Er hat nun kaum noch Einnahmen und führt in Brüssel ein sehr eingeschränktes Leben. Nachdem sich Pamela von ihm getrennt hat, versucht er 1934 und 1935 in London beruflich Fuß zu fassen, wo seine Schwester Trude verheiratet ist. Im Mai 1935 kommt es tatsächlich zu einer erfolgreichen Aufführung seines Stücks *Die Marquise von Arcis* im Ambassador's Theatre in London mit mehr als zweihundert Vorstellungen. Auch sein einst glanzvollster Erfolg mit der Komödie *Die Hose* geht noch einmal in Brüssel und Paris erfolgreich über die Theaterbühne. Doch danach wird es immer stiller um ihn. Im Oktober 1934 wird die Ehe mit Pamela geschieden, und Sternheim braucht jemanden, der für ihn sorgt und ihn in seinem immer wieder bedrohlichen Gesundheitszustand pflegt. Im März 1935 findet er durch eine Zeitungsannonce die Betreuerin Henriette Carbonara, eine Jüdin aus Wien. Sie wird in den kommenden Jahren an der Seite Carl Sternheims leben und ihn aufopferungsvoll pflegen. 1935 macht Sternheim, nachdem es ihm sehr schlecht ging, eine längere Kur im belgischen Spa. Und wirklich bessert sich sein Befinden dadurch deutlich.

Ende 1935 gibt es in Paris ein Wiedersehen zwischen Carl und Thea, und seitdem wechseln sie hin und wieder Briefe. Ihr Verhältnis hat sich, durch den zeitlichen und räumlichen Abstand begünstigt, entspannt. Und Carls Briefe an Thea klingen beinahe zärtlich, *Mein Liebstes*, spricht er sie an, *Meine geliebte Taube*. Er findet Trost in der Lektüre ihres alten Briefwechsels aus den Tagen ihrer großen Liebe. *Geliebtes Stoisylein*, schreibt er ihr etwa im März 1936, *Ich komme erst ganz langsam wieder zu mir. Weißt Du,* daß ich *1935* noch 157 Anfälle *und 5 schwere Zusammenbrü-che hatte – 8 Jahre nach der Krankheit, die mich von Dir riss, und daß ich während derselben, wo ich 10-20 Minuten* nichts von mir und der Welt weiss, *nicht wie ich heisse [...], daß ich aber vollkommen außerhalb meines wirklichen Seins stand mit der ständigen Angst meines Endes.* In ihren Antwortbriefen lässt Thea ihn auch teilhaben an ihrem Leben, an ihrer Wei-terarbeit am Roman, von dem sie zu der Zeit noch hofft, er werde vielleicht Ende des Jahres erscheinen können. Im Mai 1936 fährt Thea dann nach Brüssel, besucht Carl mehrfach und lernt seine sympathische Lebensgefährtin Henriette Carbonara, Henny genannt, kennen. Schon im April hat Carl die bereits fertigen Teile des Manuskripts von *Sackgassen* durchgesehen und ihr im April seine Än-derungsvorschläge geschickt. Jetzt können sie persönlich miteinander darüber sprechen. Er lobt ihr Engagement, die *gelungene Durchformung* der Zeitproblematik; es sei *eines der wesentlichsten Zeugnisse „der Frau an sich" zu Beginn des 20. Jahrhunderts.* Sein Haupteinwand gegen ihr Schreiben jedoch ist ernüchternd: *Aber vom höchsten Standpunkt gesehen, wird für die letzte Erkenntnis praktisch wieder bestätigt: Entgegen allem Aberglauben ist auch die höchststehende Frau des Zeitalters über ein gewisses Maaß hinaus nicht bis zu eigener Bewußtlosig-keit aus Liebe hingabefähig; durchaus nicht an den Mann und sein Werk, selbst wenn er ihr Jahrzehnte als repräsentatives, schöpferi-sches Genie zur Seite als Gatte lebt.* Im Grunde spricht er ihr die Fähigkeit ab, ein eigenes schöpferisches Werk zu schaf-fen. In stilistischer Hinsicht kann Sternheim ihr durchaus manchen guten Ratschlag geben, den sie annimmt; inhalt-lich jedoch spürt sie, dass er sie nicht verstehen kann oder nicht verstehen will. Sie muss es allein zu Ende bringen.

Im Sommer 1936 erscheint Carl Sternheims Lebens-bericht *Vorkriegseuropa im Gleichnis meines Lebens* im Que-rido Verlag Amsterdam, dem Verlag der deutschsprachigen Emigranten, um den sich Fritz H. Landshoff und Klaus

Mann große Verdienste erwerben. Es wird Carl Sternheims letzte Publikation zu Lebzeiten sein. Und ein letztes Mal erlebt er auch eine Theaterpremiere: Seine *Marquise von Arcis* kommt im September 1936 in Amsterdam auf die Bühne, er war sogar bei der Probenarbeit anwesend. Im April 1937 reist er noch einmal nach Paris. Letztes Wiedersehen mit Thea und seinen Kindern. Lauter Abschiede. Der Bogen, den Carl Sternheims Leben durchmisst, spart nichts aus an Höhen und Tiefen. Einst einer der meistgespielten Dramatiker auf den Theaterbühnen seiner Epoche, verklingt sein Dasein nun unspektakulär, einsam. Es endet nicht mit einem dramatischen Paukenschlag, sondern zieht sich, von der Öffentlichkeit schon fast vergessen, langsam und untheatralisch auf sich selbst zurück.

In seinen letzten Lebensjahren hat er wieder engeren Briefkontakt mit der Tochter Mopsa, die in dieser Phase in Paris in heftigen Kämpfen immer wieder neu versucht, vom Morphium loszukommen. Mehrere Entziehungskuren enden jedoch mit immer neuen Rückfällen. Pamela Wedekind, die als Schauspielerin am Preußischen Staatstheater in Berlin engagiert ist, hält ebenfalls ihren Briefkontakt mit Carl Sternheim aufrecht.

1938 ist Carl Sternheim durch eine Erkrankung an schmerzhaftem Gelenkrheumatismus monatelang ans Bett gefesselt. Doch selbst davon erholt er sich wieder einigermaßen.

Als am 17. Mai 1940 deutsche Truppen Brüssel besetzen, wiederholt sich für ihn ein Schreckensszenarium, das er 1914 im Ersten Weltkrieg erlebt hat. Er hat Mühe, nicht in Panik zu geraten. Richtet an die belgische Polizei ein Gesuch um Schutz vor der Verfolgung durch die Nationalsozialisten. Um sicher zu gehen, dass bei einer Hausdurchsuchung keine Aufzeichnungen gefunden werden, die ihn in den Augen der Nationalsozialisten belasten können, vernichtet er alle seine Tagebücher. Ein unersetzbarer Verlust. Dennoch sind er und Henriette Carbonara gefährdet. Durch den Einsatz eines Bekannten von Thea, der sich für beide verwendet, bleiben sie unbehelligt. Es ist ihr alter Freund Ludovico Toeplitz de Gran Ry, Attaché an der italienischen Gesandtschaft in Belgien – ein Helfer in der Not. Toeplitz sorgt auch dafür, dass in der folgenden Zeit die Verbindung Sternheims mit Thea in Paris nicht völlig abreißt. Noch einer seiner letzten Briefe an Thea vom 19. November 1941 aus Brüssel zeugt von der Verbundenheit zwischen ihnen, die nie ganz aufgehört hat: *Meine liebe, gute Stoisy, nur die Nachricht, daß ich unverändert herzlich Deiner Gedenke und nur bessere Zeit abwarte, dem allen Ausdruck zu geben! Ich lese oft Deine Briefe aus prachtvollen Jahren und Deine Bilder mit Mops auf dem Schooß schmücken die Zimmer, so daß ich Dich auch immer vor mir sehe! Ich umarme Dich und Mops/ Dein Hünni.*

Die Lebensumstände werden im Krieg jedoch immer schwieriger, finanziell nur noch durch die Hilfe von Freunden gesichert. Sternheim musste bereits – ebenso wie Thea – wertvolle Bilder und Kunstgegenstände verkaufen, um sich über Wasser halten zu können. Sein letztes Lebensjahr, 1942, ist gezeichnet von Krankheiten und Entbehrungen. Er erleidet mehrere schwere Anfälle, muss im März in Brüssel in einer Klinik behandelt werden und unterzieht sich einer Arsen-Eisen-Kur. An Thea und Mopsa, *Meine Armen Guten*, schreibt er am 11. April: *Ich bin fast immer allein! […] Aber über alldem steht, daß ich – bester Laune – völlig genug vom Leben habe und mein Ende als höchstes Erdenglück auch erwarte!* Es ist der letzte eigenhändig geschriebene Gruß von ihm.

Pamela, die mit dem Preußischen Staatstheater auf einer Tournee im Rahmen der Truppenbetreuung im August auch nach Brüssel kommt, besucht ihren geschiedenen Mann. Sie erlebt, wie abgeschieden, ja isoliert der einst so gefeierte Künstler nun leben muss. Dann die Ka-

tastrophe: In der zweiten Oktoberhälfte zieht sich Sternheim eine Lungenentzündung zu, die sich, trotz bester
Pflege durch Henny Carbonara und verschiedene Ärzte,
rapide verschlimmert. Am 3. November 1942 stirbt Carl
Sternheim. Er wird am 5. November auf dem Friedhof
von Ixelles in Brüssel im engsten Kreis beerdigt.

Thea Sternheims Lebensbogen dagegen führt noch ein
deutliches Stück weiter ins Jahrhundert hinein. Sie durchlebt die Katastrophen von Krieg, Besatzung und Nach-
kriegszeit in ihrer ganzen Dramatik. Zunächst ist sie froh,
Deutschland hinter sich gelassen zu haben. In Paris heißt
es dann: *Gute Tage, die mit Herman beginnen und mit Herman
enden.* Die Freundschaft mit Herman de Cunsel verjüngt
sie. Er erklärt ihr begeistert, wie viel er durch sie neu erfahren, vom Leben und von der Kunst gelernt hat. Wohnt
sie in den ersten Monaten in einem Pariser Hotel, nimmt
sie ab Oktober 1933 eine eigene Wohnung im 14. Arron-
dissement. Nicht immer jedoch ist sie glücklich in diesen
Tagen. Protokolliert mit Erschrecken im Tagebuch die
Nachrichten aus Deutschland. Obgleich sie in Paris viele
gute Bekannte und Freunde hat, gesteht sie sich selber ein:
Grosse Verlassenheit des Herzens. Die Einsamkeit bleibt ein
ständiger Begleiter ihrer nächsten Jahre. Die Fülle des Lebens geht zu Ende.

Als am 30. Januar 1933 die Nachricht von der Macht-
ergreifung Hitlers um die Welt geht, erzittert Thea Sternheim im Innersten. Sie weiß, was kommen wird. Ihr Tagebuch registriert minutiös die rapiden Veränderungen
in Deutschland, das Umsichgreifen der Barbarei. Anja
Pfemfert und auch Eta Harich-Schneider schreiben ihr,
was Grauenvolles vorgeht und wer von ihren Bekannten
verhaftet ist. Auch Pater Franziskus, bekannt für seinen
strikten Pazifismus, trifft es. Er kann später nach Rom
emigrieren. Von Terror und Bürgerkrieg ist die Rede. Am

20. Februar 1933 notiert sie, Heinrich Mann sei von den Nazis aus der Akademie der Künste verwiesen worden. Er war der international geachtete Präsident der Sektion Dichtkunst. Sie höre jedoch noch nicht, dass Gottfried Benn ihm auf dem Fuße gefolgt sei. Begierig wartet sie auf Informationen und hofft inständig, ihre Freunde, ihre Bekannten werden sich von den Nationalsozialisten distanzieren. Doch genau dies geschieht nicht: Im Gegenteil, Benn lässt sich von den Nazis zum Nachfolger Heinrich Manns machen. Von mal zu mal ist sie enttäuschter und frustrierter: *Benns Wandlung vom Adepten Nietzsches zum Barden des Nationalsozialismus ...* Jeder Name von einem, der sich zu den Nazis bekennt, schneidet ihr ins Herz. Bei keinem aber ist das Entsetzen so groß wie bei Benn: *Ach, welche Erniedrigung an diese[r] Sklavenseele meine Freundschaft vergeudet zu haben!* Im Juli 1933, als sie Benns in Deutschland erschienenes Buch *Der neue Staat und die Intellektuellen* sieht, heißt es im Tagebuch: *Das schmeckt nach Jauche. Welche Beschmutzung aus dem Untersten her.* So sehr hatte sie gehofft, Benn im Lager der Nazigegner zu finden sein. Aber, wenn sie ganz ehrlich ist, fallen ihr Begebenheiten aus der Zeit ihres Kennenlernens im Weltkrieg in Belgien ein. Schon damals hatte dieser begnadete Dichter sich menschlich und moralisch von einer Seite gezeigt, die sie auf das Tiefste abstieß. Wie nur geht dieser Widerspruch in einem Menschen zusammen? Begreifen kann sie es nicht. Der Brief, den Klaus Mann im Mai 1933 aus dem Exil in Südfrankreich an Gottfried Benn, das Idol seiner Jugend, schreibt, spricht vielen aus dem Herzen. „Was konnte Sie", fragt er empört und tief verletzt, „dahin bringen, Ihren Namen, der uns der Inbegriff des höchsten Niveaus und einer geradezu fanatischen Reinheit gewesen ist, denen zur Verfügung zu stellen, deren Niveaulosigkeit absolut beispiellos in der europäischen Geschichte ist und von deren moralischer Unreinheit sich die Welt mit Abscheu wendet?"

Da stehen sich mit denen, die den Nationalsozialismus willkommen heißen, und jenen, die aus Hitlerdeutschland fliehen mussten, zwei Pole diametral gegenüber, ohne einander verstehen zu können.

Thea Sternheim lebt in Paris mit offenen Sinnen. Hat Freunde und Vertraute. Sie liebt die Stadt und die Mentalität der Menschen hier. Und dennoch: Sie ist herausgerissen aus allem, was ihr Leben bisher ausgemacht hat. Jetzt, da Hitler ihr Vaterland in die Hand bekommen hat, fühlt sie den Schmerz erst ganz. Es ist auch für sie eine Emigration.

Aber etwas lange Ersehntes geschieht: In Paris schreibt sie endlich an ihrem Buch weiter, nimmt die Fäden wieder auf, vertieft sich in ihre Figuren und deren Geschichte. Jetzt, da diese Jahrzehnte endgültig vergangen sind, gibt sie in einem breit angelegten Handlungsbogen Bericht vom Ende einer bürgerlichen Epoche. Sie zeigt den Untergang einer alten Welt, die an ihren eigenen überlebten Werten zugrunde geht. Der Roman *Sackgassen*, der schließlich nach dem Zweiten Weltkrieg in Deutschland erscheinen kann, schildert ein Frauenschicksal in den Jahren zwischen 1900 und 1918, und zwar anhand von zwei zentralen Frauenfiguren: Anna und Marie, eine Deutsche und eine Französin. Keine der beiden ist direkt autobiografisch angelegt, eher drückt sich Thea Sternheims eigener Erfahrungsbereich in beiden aus, der jungen Deutschen, die heiratet, mit ihrem Mann nach Belgien zieht und mit ihm nach Paris reist, das ist Anna; und in der jungen Französin Marie, die viel freier lebt, ungebundener, dafür aber auch ganz auf sich gestellt. Beide Frauen, zunächst scheinbar Konkurrentinnen, werden schließlich enge Freundinnen. Tief in der christlichen Mythologie sind diese beiden Figuren verankert: Maria und ihre Mutter Anna, als Heilige Anna Selbdritt verehrt. Auf Gemälden werden die drei Figuren Anna, ihre Tochter Maria und das Jesuskind, in natürlicher Anmut und tiefer Harmonie verbunden dargestellt. Die Legenden aus frühchristlicher Zeit sind allen Gläubigen und Kunstkennern vertraut. So kann es kein Zufall sein, dass Thea Sternheim ihrer Hauptfigur Anna im Roman eine Maria, französisch Marie, zur Seite stellt.

Ihre ureigenste Lebenserfahrung muss nun auch Anna machen. Der Kunstsammler und Antiquar Jean Maldeghem fährt zusammen mit seiner jungen Frau Anna nach Paris. Er, der Mann, der für sich alle Freiheiten beansprucht, lässt – während seine schwangere Frau im Hotel mit ihrem Unwohlsein ringt – auch ein unerwartetes Abenteuer nicht aus, die Liebesbegegnung mit einer jungen Französin. Es ist für die Ehe des Paares ein einschneidender Moment: *Da erzählte er ihr das Erlebnis mit Marie. Er erzählte, wie es gewesen schien. Anna, die sich nicht rührte, hörte mit weitgeöffneten Augen zu. Einmal war's, als ob ein langes, zweischneidiges Schwert ihr ins Herz dränge; doch ihr Herz dehnte sich aus, wurde groß, nahm das Schwert in sich auf.* Er mutet ihr viel zu – und fragt nicht, ob es vielleicht zu viel ist. *Wirst Du immer alles begreifen, Anna?*, fragt Jean seine Frau. Ebenso wie in Theas eigener Ehe erwartet der Mann im Roman nun auch noch, dass die Frau Verständnis haben werde, ja, Verständnis haben müsse. Er setzt es einfach voraus. Darin findet sich ein Grundmuster der Ehe von Thea und Carl Sternheim wieder: Der Mann, der zu seiner Selbstbestätigung die Bewunderung und Ergebenheit der Frau beansprucht, der sich sonnt in ihrer Verehrung, ja Aufopferung – und aus dieser besonderen Konstellation heraus erst in der Lage ist, sein Werk zu schaffen.

Carl Sternheims Einstellung zu Frauen war, wie wir längst wissen, von seiner Egomanie geprägt und ganz und gar auf sich selbst bezogen: *Gestaltete mein Verhältnis zum Mann sich immer umständlicher*, heißt es in seiner Autobiografie, *war mir die Frau von Kopf zu Fuß in ihrer ganzen Daseinspracht plausibel. [...] Aus ihrer weiblichen Kraft kam ein mäch-*

tiger Antrieb in mich [...]. Im Dasein war sie mir viel nützlicher als die spröde, zögernde Männlichkeit. Über allem steht sein Werk, und zu dessen Vollendung bedurfte er der Liebe der Frau, *die mich seinetwegen über alles schätzte.* Thea Sternheim versucht sich in gewisser Weise davon zu befreien, indem sie ihre Hauptfigur ähnliche Erfahrungen durchleben lässt.

Thea selbst ist denkbar ungeeignet für das Rollenfach der traditionellen weiblichen Unterordnung und war es eigentlich von Beginn an. Nur hat sie sich lange Zeit zu disziplinieren versucht, um dem Werk ihres Mannes zu dienen. Schmückendes Beiwerk zu seiner Größe zu sein, konnte nicht ihr Lebensziel darstellen. Und erst indem sie ihre Anna-Figur zu ähnlichen Erkenntnissen kommen lässt, kann sie sich endgültig davon frei machen. Thea Sternheim erkennt: Ihr Leben – eine Sackgasse. Es ist jedoch keineswegs nur ein Eheroman geworden. Ebenso stark sind darin Züge des Geschichtsessays und der philosophischen Deutung ihrer Epoche. Der Roman zeigt, wie eine ganze Gesellschaft in die Sackgassen ihrer eigenen übersteigerten Entwicklung gerät. Die westeuropäischen Industrienationen auf dem Höhenflug am Vorabend des Ersten Weltkrieges, der schließlich alles in den Strudel eines verhängnisvollen Abgrunds hineinzieht: die Bindungen innerhalb der Familien und zwischen den Generationen ebenso wie zwischen den Nachbarvölkern, die durch ihre jahrhundertealte Kultur eigentlich zusammengehören.

Die Dichterin Ingeborg Bachmann, die damals noch als junge Literaturkritikerin über Neuerscheinungen schrieb, urteilt in ihrer Besprechung in der katholischen Monatszeitschrift *Wort und Wahrheit* im Dezember 1952 über den Roman: „Die ‚Sackgassen' haben – und das läßt sich nur von wenigen deutschen Romanen der letzten Jahre behaupten – europäisches Format. Himmel und Hölle sind in diesem Buch; im ‚Fegefeuer der Erfahrung' steht die

Generation, der heute die Schuld an zwei großen Kriegen zugeschrieben wird. Ihr geistiges, religiöses und politisches Abenteuer wird sichtbar und macht das Folgende verständlich." Sie hat durchaus kein unkritisches Verhältnis zu dem Roman, bescheinigt ihm aber eine große Ernsthaftigkeit in der Bewertung ihrer Epoche: „Bestimmt und kritisch steht Thea Sternheim über ihrem Werk, aber sie ist auch mitten drin, erlebend, leidend und suchend. Sie hat sich mit allem Wissen und Glauben verirrt, aber sie hat den Mut zum Irrtum und zum Bekennen, in äußerlicher Ehrlichkeit. Sie entscheidet sich für das ‚Im Dunkel leben, im Dunkel tun, was wir können', weil ihre Fragen unbeantwortet bleiben müssen und Gott hier mit abgewendetem Gesicht spricht." Jahre später, 1966, erinnert der Schriftsteller Peter Härtling an *Vergessene Bücher* und urteilt über Thea Sternheims Roman: „Der unheilvolle Schicksalsglaube der ersten Jahrhunderthälfte wurde hier ausgebrütet. Die Pathologie der Jahrhundertwende wird in den ‚Sackgassen' mit seltener Intelligenz aufbereitet." Und als Thea Sternheim das Buch endlich gedruckt sehen möchte, ist es ausgerechnet Gottfried Benn, der es seinem Verleger Max Niedermayer ans Herz legt. So eindeutig sie seine politischen Irrtümer zu Beginn der Nazizeit verurteilt hat, so sehr schätzt sie lebenslang seine Literatur. Benn hatte, als er erkannte, wohin der Nationalsozialismus in Wirklichkeit steuerte, die „aristokratische Form" der Emigration gewählt und war wieder als Offizier und Militärarzt ins Heer eingetreten. Der Roman *Sackgassen* erscheint 1952 im Limes Verlag Wiesbaden. Benn nennt es „ein bedeutendes, ein lebendiges, ein spannendes Buch, spannend im Geistigen, aber auch im Thematischen". Er ist tatsächlich beeindruckt und schreibt Thea Sternheim, *Sackgassen* sei weit über die Novelle *Anna* hinausgewachsen. Ihre Freundschaft setzt sich brieflich bis zu Benns Tod im Jahr 1956 fort.

Die Jahre in Frankreich halten für Thea Sternheim noch dramatische Wendungen bereit: Als 1940 die deutsche Wehrmacht ins Land einfällt und Paris besetzt, beginnt für die Emigranten ein unabsehbarer Leidensweg. Die französische Regierung verhaftet und interniert die meisten von ihnen als „feindliche Ausländer" – in einer ersten Internierungswelle bereits 1939, dann erneut ab Mai 1940. Zehntausende Emigranten waren aus Hitlerdeutschland nach Frankreich gekommen, in das Land der Freiheit und Brüderlichkeit. Paris, die sicher geglaubte Zuflucht, erweist sich jetzt jedoch als Falle: Die Wehrmacht besetzt Paris und ganz Frankreich bis zur Demarkationslinie nördlich der Loire. Über Nacht werden sie alle zu „indésirables", zu Unerwünschten. Sie werden in verschiedenen Internierungslagern am Fuß der Pyrenäen festgehalten, in Gurs oder Le Vernet – egal, ob sie Nazis oder Antifaschisten sind, Kommunisten oder Juden oder beides. Ein großer Teil der Pariser Bevölkerung verlässt die Stadt aus Angst vor den Deutschen. Plötzlich geschieht das, was den Franzosen bis dahin unvorstellbar schien: Die Wehrmacht besetzt ihre Hauptstadt. Im Ersten Weltkrieg waren die Deutschen bis zur Marne vorangekommen, dann aber aufgehalten worden. Diesmal ist das anders: Hitler nimmt auf den Champs-Élysées die Siegesparade ab – ein tief verletzendes Trauma für alle französischen Patrioten.

Mopsa flieht im Juni 1940 gemeinsam mit Frans Masereels Familie ins unbesetzte Frankreich. Thea aber wird verhaftet und im Frauenlager Gurs interniert. Ein furchtbares Unglück. Die Lebensumstände sind katastrophal. Die Internierten vegetieren unter den schlechtesten sanitären Bedingungen und mit kaum ausreichender Ernährung. So erkrankt Thea hier, wie viele der Inhaftierten, an der Ruhr. Von Paris aus bemühen sich einflussreiche Freunde und Bekannte um ihre Freilassung, darunter vor allem André Gide. Nach zwei Monaten wird sie deshalb, stark geschwächt, aus dem Lager entlassen. Sie findet Aufnahme und Pflege – Glück im Unglück – bei Dorothy Bussy in Nizza, mit der sie befreundet ist. Dorothy, verheiratet mit dem französischen Maler Simon Bussy, ist Engländerin und Übersetzerin von Gides Werken ins Englische, etwas, was beide Frauen zusätzlich miteinander verbindet. Ohne gute Freunde wäre das Überleben in diesen Zeiten beinahe unmöglich. So viele andere aber, die niemanden haben, der sich ihrer annimmt, verzweifeln und nehmen sich in auswegloser Lage das Leben.

Thea erholt sich, kommt allmählich wieder zu Kräften. Trifft sich in Nizza auch mehrmals mit Heinrich Mann, dessen Vertrauen ihr gut tut. Der gealterte Schriftsteller ist illusionslos. Er wird versuchen, mit seiner Frau in die USA zu entkommen. Seine Flucht über die Pyrenäen im September 1940 ist ein Abenteuer hart an der Grenze des Erträglichen, körperlich und seelisch. Doch auch Thea Sternheim ist nun keine junge und gesunde Frau mehr. Nach der Kapitulation Frankreichs kehrt sie im Herbst 1940 nach Paris zurück. Die politische Situation unter der Regierung des Marschalls Pétain ist desaströs und gipfelt in der „collaboration", der Zusammenarbeit mit Hitlerdeutschland – für alle Emigranten eine Katastrophe. So liefert Vichy-Frankreich politisch Verfolgte auf Verlangen nach Deutschland aus. Jüdische Flüchtlinge werden deportiert, darunter mehrere jüdische Kinderheime. Und auch Paris leert sich mehr und mehr, viele ihrer Freunde ziehen fort, André Gide etwa geht nach Nordafrika. Die deutschen Emigranten versuchen, über Marseille, den letzten freien Hafen in der unbesetzten Zone, nach Übersee zu entkommen. Theas Bekanntenkreis in Paris wird kleiner, der Bewegungsradius enger; Annette Kolb, Max Ernst oder Julien Green, mit denen sie vertrauten Umgang gepflegt hat, emigrieren in die USA. Auch Herman de Cunsel hat Paris verlassen. Thea aber bleibt, sie erkennt für sich keine Alternative. Sie liebt das französische Volk und sieht, wie die meisten Franzosen ebenso unter der deutschen Besatzung leiden. Doch das Leben ist karg geworden. Unter Mühen kann sie sich ihren deutschen Pass verlängern lassen. Ihre finanziellen Mittel sind nahezu erschöpft, die meisten der Kunstschätze verkauft. Vom einstigen Glanz bleibt beinahe nichts.

Sie wird während der Kriegsjahre in Paris aushalten, es ist ihre Heimat geworden. Auch Mopsa kehrt nach Paris zurück. Mutter und Tochter wohnen sogar in derselben Wohnung. Doch die Sorgen um sie nehmen nicht ab. Immer wieder verfällt Mopsa dem Morphium, trotz mehrfacher Entziehungskuren kommt sie nicht davon los. Sie hintergeht ihre Mutter, der sie nicht zu sagen wagt, wie stark sie abhängig ist. Kaum scheint sie entwöhnt zu sein, für einige Wochen geheilt, greift das Gespenst der Drogen erneut mit seinen Krallen nach ihr. Offenheit ist zwischen Mutter und Tochter nicht mehr möglich. Eines Abends vertraut Thea dem Tagebuch an, wie sie die fatale Ähnlichkeit zwischen Carl Sternheim und Mopsa bedrückt: Die Sucht Sternheims, fortwährend im Zentrum zu stehen, erkennt sie in der Tochter wieder. Alles muss sich um sie drehen.

Thea ist unglücklich, wenn sie sich klar macht, was aus ihren beiden so begabten Kindern geworden ist: Zu Kriegsbeginn war Klaus nach Mexiko emigriert. Lange Zeit erfährt sie nichts von ihm, weiß nicht, wie es ihm geht, ob er überhaupt noch am Leben ist. Und dann erhält sie die Nachricht, Klaus sei im März 1946 in Mexiko gestorben – wahrscheinlich an einer Lungenentzündung. Sein vom Rauschgift geschwächter Körper war auch durch mehrere Penicillingaben nicht mehr zu retten gewesen. *Das schmerzt im Fleisch*, schreibt die Mutter am 12. März 1946 ins Tagebuch. *Das ist was ganz anderes als jeder andere Schmerz!* Ein grausamer Schlag gegen ihr Herz. War er es doch, den sie am meisten geliebt, der sie jedoch auch am meisten enttäuscht hatte. Einmal allerdings, am Geburtstag ihrer ältesten Tochter Agnes, notiert Thea, keines ihrer in diese *von Gott und allen guten Geistern verlassene Zeit hinein-geborenen Kinder hat eine normale, geschweige glückliche Jugend gehabt.* Im Innersten weiß sie, dass die unselige Ehe mit Carl Sternheim zumindest ein Grund für das mangelnde seelische Gleichgewicht ihrer drei Kinder ist. Schließlich erfährt Thea auch noch, dass Carlhans Sternheim, der un-glückliche Sohn Carls aus der Ehe mit Eugenie, wegen re-gimekritischer Äußerungen zum Tode verurteilt und im Dezember 1944 von den Nazis hingerichtet worden ist.

Im Herbst 1941 ist Herman de Cunsel – welche Erleich-terung – zurück in Paris, und Thea notiert, es strahle *aus unserer gemeinsamen Bewegung jener Wärmegrad des Herzens, der schon so oft den Hintergrund für unsere Freundschaft abgab.* Neben den leibhaftigen Freunden sind es die literarischen, vor allem immer wieder Flaubert und Tolstoi, und das Festhalten am Glauben, was ihr in dieser Zeit hilft, durch-zuhalten und nicht in Verzweiflung zu verfallen.

Noch etwas anderes gibt ihrem Alltag Struktur und Festigkeit: das Tagebuchschreiben. Selbst in den schwie-rigsten Phasen und unter ungünstigsten Bedingungen hält sie daran fest. Die Nacht und die Dunkelheit sind Theas bevorzugte Bereiche, immer schon. Seit langem leidet sie unter Schlafstörungen. Da gibt es nur den einen Beistand: das Tagebuch. Hellwach ist sie, wenn sie schreibt. Am Ende ist es eine Lebensleistung von tausenden eng beschrie-benen Seiten über fast sechs Jahrzehnte, in denen sie ihr Jahrhundert porträtiert. Im Tagebuch dokumentiert Thea Sternheim all die Jahre hindurch nicht nur ihre privaten Lebensverhältnisse, sondern die politische Entwicklung, die erschütternden Nachrichten aus Deutschland. Mit unbestechlicher Klarsicht schätzt sie die Verhältnisse dort ein. Bekannte von ihr, wie der Maler und Bühnenbildner Paul Strecker, haben Schreckliches zu berichten, etwa von Betty Flechtheim, der Witwe des Galeristen Alfred Flechtheim, die sich der Verschleppung durch Freitod entzogen hat. So erfährt sie schon früh von der Realität der Konzentrationslager, den massenhaften Deportationen der Juden und ihrer Ermordung: Welch unfassbare Barbarei!

Noch ahnt sie nicht, was ihrer Tochter Mopsa bevorsteht.

Lew Tolstoi, der überragende russische Schriftsteller, war für Thea Sternheim seit Jahrzehnten eine leuchtende Größe. Wie sehr hat er ihr geholfen in Augenblicken der Verzweiflung und der Bitterkeit. Bei ihm hat sie immer wieder Zuflucht gesucht. Er aber hat auch eine Ehefrau. Und diese Sofja Tolstaja hat ebenfalls ein Tagebuch hinterlassen. Ob Thea Sternheim davon gewusst hat? Es gibt verblüffende Analogien zwischen beiden Frauen. Lebenslang hat Sofja dem schriftstellerischen Ruhm ihres Mannes gedient, war seine Muse und erste Leserin, hat seine Manuskripte ins Reine geschrieben, die vielen Kinder aufgezogen und den großen Haushalt bewältigt, auf dem Landgut Jasnaja Poljana und im Stadthaus. Ihr eigenes starkes künstlerisches Talent musste sie dabei unendlich lange in den Hintergrund stellen. In ihrem Tagebuch aber findet sich der heimliche Aufschrei: „Und mein um so viel begabterer Mann! Welch tiefes Verständnis des menschlichen Seelenlebens ist in seinen Werken, welches Unverständnis und welches Desinteresse aber zeigt er für das Leben der ihm Nahestehenden!" Die Abgründe, die hier erahnbar werden, haben auch das gemeinsame Leben der Sternheims gespalten. Und um die Parallelen komplett zu machen, erfährt man schließlich, Sofja Tolstaja hat ihre Romane *Eine Frage der Schuld* und *Lied ohne Worte* erst nach Tolstois Tod aus der Hand zu geben gewagt.

Tolstoi, dieser Seelenverwandte von Thea Sternheim, eröffnet seinen Roman *Anna Karenina* mit dem legendären Satz: „Alle glücklichen Familien sind einander ähnlich, jede unglückliche Familie ist unglücklich auf ihre Weise." Und nun erlebt sie selber auf unwiederbringliche Weise die Geschichte mit Carl Sternheim und ihren gemeinsamen Kindern – am Ende die Tragödie einer Familie. Sicher, manche ihrer Freunde und Verwandten haben auch komplizierte Beziehungen durchgestanden, haben Kinder, die sich von ihnen abwenden, oder schmerzhafte Brüche in einer fest geglaubten Partnerschaft. Wenn sie nur an den verehrten Heinrich Mann denkt, befällt sie ein tiefes Mitgefühl: Wie schwer wurde es seiner zweiten Frau Nelly Kröger gemacht, in der weitläufigen und exklusiven Familie Mann, gar von Thomas und Katia Mann auch nur halbwegs anerkannt zu werden. Wie verzweifelt waren viele ihrer Freunde im Exil in Frankreich, die durch Nationalsozialismus und Krieg ihre Liebsten verloren. Aber ihre eigene Familie, die so strahlend begonnen hatte und unter einem Glücksstern zu stehen schien, war nun endgültig und unwiderruflich zerbrochen. Sogar in alle Winde zerstoben: Mutter und Tochter wenigstens leben in derselben Stadt Paris, der Vater in Brüssel, der Sohn in Mexiko – ein verlorener Sohn im bittersten Wortsinne.

Die Tragödie der Mopsa Sternheim, der Dorothea von Ripper, aber beginnt erst mitten im Krieg. Über ihren Freundeskreis in den Pariser Künstlercafés kommt Mopsa mit der französischen Widerstandsbewegung in Berührung. Mehrere ihrer Freunde sind in der Résistance tätig, und so stellt sie sich ihnen mit allen Konsequenzen zur Verfügung. Auch sie will etwas gegen die verhassten Nationalsozialisten tun. Thea und Mopsa wohnen zusammen und führen ihr Dasein doch jede für sich. Die heftigen Schwankungen und Gefühlsausbrüche ziehen sich lebenslang wie ein roter Faden durch die Mutter-Tochter-Beziehung. Während der Kriegsjahre in Paris stehen sie einander aber auch bei, immer wieder findet die eine bei der anderen Zuflucht, wenn es ihr schlecht geht und die Angst überhandnimmt. Auch Mopsa führt regelmäßig Tagebuch. Über die Beteiligung an den Aktionen der Résistance allerdings findet sich darin verständlicherweise kein Wort. Thea ahnt nicht einmal etwas davon. Ist nur ungehalten darüber, dass die Tochter sich tage- und nächtelang, wie sie meint, in den Cafés herumtreibe. So diszipliniert Thea ihr Leben organisiert, so chaotisch hingegen Mopsa. Manchmal empfinden beide ihr Zusammenleben als quälend, die Nervosität der Mutter wird zur Belastung auch für die Tochter. Dennoch brauchen sie einander und lieben sich zärtlich. *Wie oft*, notiert Thea Sternheim am 25. November 1943, ihrem sechzigsten Geburtstag, im Tagebuch, *ist Mopsa mir in ihrem rührend guten Willen in diesen schaurigen Zeiten ein Beistand gewesen.*

Aus notwendiger Vorsicht und Rücksichtnahme weiht Mopsa ihre Mutter nicht in ihre illegale Arbeit ein. In Thea Sternheims Tagebuch kann man verfolgen, wie sie das Verschwinden ihrer Tochter tief beunruhigt, die die gemeinsame Wohnung am 2. Dezember mittags verlassen hat. Sie kehrt nicht zurück, weder an diesem noch am nächsten Tag. Theas Angst wächst ins Unerträgliche. Sie sucht Mopsa in der Wohnung ihrer Freundin und erfährt dabei von der Concierge, dass die Gestapo hineingestürmt sei und alle Anwesenden festgenommen wurden. Mopsa hat Kurierdienste für die von England aus organisierte Widerstandsbewegung übernommen. Am 2. Dezember 1943 wird sie bei einem Treffen mit ihrer Freundin Rose Marie Jones in deren Wohnung am Boulevard Montparnasse verhaftet. Zunächst bringt man sie in das Gefängnis Fresnes. Von dort erreicht die Mutter wenigstens ein Kassiber. Sie kann der Tochter etwas Wäsche und Essen schicken. Ende Januar 1944 wird Mopsa ins Kriegsgefangenenlager

Compiègne überführt. Ihre Identität gibt sie mit Dorothea von Ripper an, um durch den Namen Sternheim nicht zusätzlich gefährdet zu sein. Thea ist verzweifelt und, da sie nichts von den Hintergründen weiß, voller Unverständnis für die, wie sie glaubt, unüberlegten Affären, in die ihre Tochter hineingeraten sei. Sie tut den Résistancekämpfern hier bitter unrecht, was sie erst nach der Befreiung der Tochter wirklich versteht. Im Februar 1944 wird Mopsa schließlich nach Deutschland deportiert und überlebt nur knapp im KZ Ravensbrück. Ihre Freundin Rose Marie aber stirbt 1944 in Ravensbrück, und auch deren Mann, Sidney Charles Jones, Offizier der Résistance, für den Mopsa Aufträge ausführte, wird 1944 im KZ Mauthausen „auf der Flucht" erschossen.

Als das Frauenkonzentrationslager Ravensbrück befreit wird, sind die überlebenden Insassinnen zum größten Teil schwer krank und geschwächt. Dorothea von Ripper wird vom schwedischen Roten Kreuz zusammen mit Frauen aus verschiedenen europäischen Ländern zur Behandlung und Erholung nach Schweden gebracht. Da sie in Paris gelebt hat und dort verhaftet worden war, gilt sie als eine der Französinnen von Ravensbrück. Als erstes Lebenszeichen von ihrer Tochter erhält Thea Sternheim einen Brief von Ariane Kohn, einer Mitgefangenen, geschrieben am 13. April 1945 in französischer Sprache, die Nachrichten übermittelt. Mopsa selbst kann sich bald in einem ersten Telegramm aus Schweden bei ihrer Mutter melden. In weiteren Briefen im Mai und Juni 1945, deren Originale Thea Sternheim in die Tagebuch-Abschriften der Tochter einklebt, schreibt Mopsa dann schon ausführlicher über ihre Lage. Vor allem drückt sie ihre Begeisterung aus, selber davongekommen zu sein. Sie sei verrückt vor Freude und krank vor Unruhe. Flehentlich bittet sie die Mutter um Nachrichten, wie es ihr gehe, wie es in Paris aussieht. Mopsas Anrede in diesen Briefen und Karten ist überschwänglich, voller Sehnsucht: „Ma Stoisy chérie", schreibt sie etwa, oder: „Mon amour Stoisy". Auf die Fragen nach ihrem Ehemann Carl Rudolf von Ripper kann ihre Mutter ihr mitteilen, dass er rechtzeitig in die USA entkommen ist und in der US-Armee gekämpft habe. Doch das Paar ist einander entfremdet, die 1929 geschlossene Ehe wird 1946 geschieden.

Ende Juni 1945 wird Mopsa aus Schweden entlassen und kann nach Frankreich zurückkehren. Die Mutter ist überglücklich. Sie erfährt erst jetzt, wie viel ihre Tochter geleistet und was sie durchgestanden hat. Doch auch nach diesem Trauma der Lagererfahrung kann Mopsa keinen wirklich produktiven Lebensentwurf für sich finden. Sie gerät erneut in die Abhängigkeit von Drogen. Als sie Anfang der Fünfzigerjahre an Krebs erkrankt, ist Thea bis ins Mark getroffen. Es quält sie, den einzigen Menschen zugrunde gehen zu sehen, der ihr nahe ist.

Nach Kriegsende nimmt sie aber auch den Kontakt zu Gottfried Benn in Berlin wieder auf. Thea schreibt ihm im Juni 1949 über die Redaktion des *Merkur* einen ersten Brief, nachdem sie seinen Essay *Roman des Phänotyp* gelesen hat. Und Benn antwortet ihr – nach sechzehnjährigem Schweigen: „Ich danke Ihnen unendlich für Ihren Brief. Seit 1945 versuchte ich, zu Ihnen zu gelangen." Er nimmt dieses Lebenszeichen der alten Freundin für ein gutes Omen. Fortan gibt es zwischen Paris und Berlin eine regelmäßige Korrespondenz. „Ich meinerseits werde sie nicht abreissen lassen", versichert Benn. Und er schickt ihr seine neuen Bücher, die *Statischen Gedichte* und den Roman *Der Ptolemäer*, mit herzlichen Widmungen. In ihrem Briefwechsel erzählen sie sich gegenseitig, was in ihrem Leben seitdem geschehen ist. Thea schildert ihm die Qualen der Tochter, der sie nicht helfen kann und deren Schmerzen nicht einmal Morphium lindert, denn ihr armer zerrütteter Körper ist durch den jahrlangen Gebrauch der Drogen daran gewöhnt. Am 12. September 1954 stirbt Mopsa in Paris.

Thea Sternheims Existenz ist nun zunehmend von Einsamkeit und materiellen Einschränkungen geprägt. Erst in den späten Fünfzigerjahren ändert sich das etwas: Carl Sternheims Stücke erleben eine kleine Renaissance auf deutschen Theaterbühnen. Thea selbst bemüht sich sehr darum, und sie erhält die Tantiemen. Doch ersetzen kann ihr das die lebendigen Beziehungen von einst nicht. Viele ihrer alten Freunde sind tot. Es bleibt ihr jetzt von allen nur noch Agnes, ihre Tochter aus der ersten Ehe. Sie lebt als Sängerin unter dem Künstlernamen Inés Leuwen-Beck in Basel. 1963, mit achtzig Jahren, entschließt sich Thea aus gesundheitlichen Gründen, nach Basel zu über-siedeln. Dort stirbt sie am 5. Juli 1971 im achtundachtzigs-ten Lebensjahr.

Ganz früh, als die Familie zwar nicht immer glücklich, aber doch vereint war, hat Thea Sternheim am 25. März 1916 in ihrem Tagebuch eingestanden: *Ich möchte zuerst sterben von den Meinen.* Am Ende überlebt sie ihren Mann Carl und beide Kinder um Jahrzehnte.

Ausgewählte Literatur

Thea Sternheim: Tagebücher 1903-1971, herausgegeben und ausgewählt von Thomas Ehrsam und Regula Wyss im Auftrag der Heinrich Enrique Beck-Stiftung, Bd. 1–5, Göttingen 2002.

Thea Sternheim: Erinnerungen, hg. von Helmtrud Mauser in Verbindung mit Traute Hensch, Freiburg i. B. 1995.

Thea Sternheim: Sackgassen, Wiesbaden 1952; Neuausgabe: Mit einem Nachwort von Regula Wyss, hg. von Monika Melchert [Reihe „Spurensuche. Vergessene Autorinnen wiederentdeckt", Bd. 5], Berlin 2005.

Carl Sternheim: Briefe I. Briefwechsel mit Thea Sternheim 1904–1906; Briefe II. Briefwechsel mit Thea Sternheim, Dorothea und Klaus Sternheim 1906–1942, hg. von Wolfgang Wendler, Darmstadt 1987.

Carl Sternheim: Gesamtwerk, Bd. 10/2: Nachträge, Lebenschronik, hg. von Wilhelm Emrich unter Mitarbeit von Manfred Linke, Darmstadt 1976.

Carl Sternheim: Gesammelte Werke in sechs Bänden, hg. von Fritz Hoffmann, Bd. 2: Aus dem bürgerlichen Heldenleben. Komödien, Schauspiele, Berlin 1963.

Carl Sternheim: Gesammelte Werke in sechs Bänden, hg. von Fritz Hoffmann, Bd. 6: Vermischte Schriften, darin besonders: Vorkriegseuropa im Gleichnis meines Lebens, Berlin/Weimar 1965.

Gottfried Benn, Thea Sternheim: Briefwechsel und Aufzeichnungen, hg. von Thomas Ehrsam, Göttingen 2004.

Manfred Linke: Carl Sternheim in Selbstzeugnissen und Bilddokumenten, Reinbek bei Hamburg 1979.

Klaus Mann: Der Wendepunkt. Ein Lebensbericht, Frankfurt a. M. 1952.

Klaus Mann: Prüfungen. Schriften zur Literatur, hg. von Martin Gregor-Dellin, München 1968.

Anatol Regnier: Du auf deinem höchsten Dach. Tilly Wedekind und ihre Töchter. Eine Familienbiografie, München 2003

Bildnachweis

Archiv Thomas Ehrsam: S. 27, 62, 90
Bundesarchiv: Umschlagrückseite
Deutsches Literaturarchiv Marbach: S. 37, 61, 120, 147, 161

Abdruck der Fotos aus dem Archiv Thomas Ehrsam und dem
Deutschen Literaturarchiv Marbach mit freundlicher Geneh-
migung der Heinrich Enrique Beck-Stiftung, Basel

Personenregister